ビジネス特急こだま

新幹線へと続く、
電車特急時代のパイオニア (← P8)

写真:福原俊一

80系湘南電車

電車の概念を覆し、電車による
長距離運転を実現した（← P22）

写真：星晃

写真：星晃

碓氷峠

中山道に立ち塞がる
66.7パーミルの壁との戦い（← P128）

写真：碓氷峠鉄道文化むら

国鉄581・583系

高度経済成長を象徴した
世界初の寝台電車（← P38）

阪急梅田駅

私鉄ターミナル駅の元祖にして
最大の阪急梅田駅（← P206）

写真：阪急電鉄

キハ181

国鉄最強のパワーを誇った
特急形気動車（← P72）

写真：星晃

特急「あさかぜ」国鉄20系客車

「走るホテル」と絶賛された
20系ブルートレイン（← P56）

写真：星晃

写真：服部重敬

大阪万博 波動輸送

高度経済成長期を象徴した
大阪万博への輸送大作戦（← P142）

写真：服部重敬

パノラマカー誕生物語

前面展望席をだれもが楽しめた
パノラマカー（← P190）

小田急SE車

未来を先取りした画期的な
特急車両 SE 車（← P158）

写真：小田急電鉄

鉄道伝説

500系新幹線

日本初の300km/h運転を
実現した革命児（← P104）

写真：JR西日本

近鉄ビスタカー

世界初の2階建て車両による
高速運転で名阪のエースに（← P174）

所蔵：福原俊一

＼ 未来が見えるパノラマ!! ／

ビジネス特急こだま
特急「あさかぜ」国鉄20系客車
碓氷峠
80系湘南電車
大阪万博 波動輸送
国鉄581・583系
500系新幹線

＼ 長距離電車の草分け!! ／

完全保存版

鉄道伝説

～昭和・平成を駆け抜けた鉄道たち～

キハ181
動力近代化計画
小田急SE車
パノラマカー誕生物語
阪急梅田駅
近鉄ビスタカー

●

BSフジ「鉄道伝説」制作班 著

辰巳出版

▼はじめに

鉄道を作る——ダイナミックなその背景

新幹線を作ったと言われる島秀雄さんや、その父上で弾丸列車を推進した島安次郎さんは、ご存知の方も多いかと思います。

しかし当然ながら、150年ほどの日本鉄道史には無数の鉄道マンたちの苦労やアイデアが詰まっています。「鉄道伝説」は、人気車両や親しまれている路線・駅を作った人々のドラマを描けたらと思ったのが出発点でした。

しかし、制作に入って驚いたのは、鉄道を取り巻く状況の多様さです。「鉄道（車両）を作る」といえば工学や土木、電気といった理系エキスパートのお話を想像しがちですが、背景には、必ず政治や社会動静の変化があります。鉄道と政治は密接な関係にあり、さまざまな思惑から方針が打ち出されて、新路線・新車両が開発されてきました。
ダイナミックな背景と守備範囲の広さに圧倒され、制作陣は七転八倒しながらドラマを編んでいきました。その過程で多くの方に助力を仰ぎ、ご協力いただきました。ご監修いただだいた老川慶喜教授をはじめ、レジェンド鉄道マンと言うべき故星晃さん、生方良雄さん、白井昭さん。研究家の福原俊一さん、故岡田誠一さん、さらに毎回さまざまな関係者の証言を聞かせていただくことで、なんとかこの番組を作り続けることができました。

この先も鉄道の伝説は続くと思います。「鉄道伝説」も続けていきたいと思いますが、まずはこの本で紹介されている「伝説」の登場人物、車両、路線やその利用者や乗務員に思いを寄せてみてください。あとちょっとだけ七転八倒の苦労をした制作陣のことも。

BSフジ「鉄道伝説」プロデューサー　井戸 剛

完全保存版　鉄道伝説◎もくじ

東京—大阪間を日帰りせよ

日本の2大都市といえる東京と大阪を結ぶビジネスルートには、常に最新形車両の特急列車を運行していた。しかし客車列車では所要時間短縮に限界があり、日帰りは不可能だった。それを可能としたのが151系電車特急「こだま」だ。「こだま」の成功は全国の特急列車網整備のきっかけとなり、やがては新幹線の開発にもつながっていく重要なターニングポイントとなった。

写真：星晃

SPEC

形式：151系／登場年：昭和33年／営業最高速度：110km/h／電気方式：直流1500V／主電動機（出力）：MT46形（100kW）／駆動方式：中空軸平行カルダン駆動／歯車比：3.50／起動加速度：1.0km/h/s／台車：空気ばね台車／ブレーキ方式：発電ブレーキ併用電磁直通空気ブレーキ

Introduction

颯爽と駆け抜けるビジネス特急「こだま」。
国鉄初の電車特急として誕生した

新幹線へと続く、電車特急時代のパイオニア

常識破りの発想

高度成長に向かって走り出していた日本。その時代に呼応するかのように登場した高速特急電車。革命的とも言えるスピードと快適さは、日本国民を熱狂させるのに、十分すぎるスペックだった。

日本が世界に誇る高速鉄道・新幹線が誕生するより以前――昭和30年代、鉄道の主力は、圧倒的に蒸気機関車であった。

このころ電車は、海外の鉄道先進国においても、近距離の移動専用で路面電車として使われる程度。しかしそんなちっぽけな存在だった電車に、鉄道の大きな未来がかかっていた。

戦後の混乱がまだ続く昭和24年。日本の鉄道の文字通りの再出発に当たって、だれよりも早く、電車による高速鉄道の実現を考えている男たちがいた。その1人が国鉄の車両局長、島秀雄《しまひでお》だ。

島は2つのことを考えていた。「これからの時代はスピードだ」。そしてその実現に必要なのは、「電車である」ということ。スピードアップのためには、よりハイパワーの機関車を開発し牽引させるという手段も考えられたが、それは事実上不可能だった。日本の鉄道は、線路の幅が狭い狭軌の鉄道。機関車をこれ以上スピードアップさせれば、走行が不安定となり、脱線事故を引き起こしかねない。

そこで島は考えた。「抜本的な改革なくして鉄道の高速化はありえない。狭軌で高速の列車を走らせるには、動力牽引ではなく、動力分散方式の電車が最も適しているのではないだろうか」と。

動力分散方式とは、モーターを各車両に搭載してそれぞれが自走するというもの。従来の機関車による牽引とはまったく違う、常識破りの発想であった。

島はこのプランを上層部へと提案した。

「これからの時代は電車である。蒸気機関車を電車に切り替え、鉄道の高速化を図りましょう。電車であれば、時速１００キロ以上も可能です」

上層部はただただ、驚き呆れるばかりだった。

「電車で１００キロ？　寝ぼけているんじゃないのか？」

「電車で15両編成などできるわけがない」

「長距離は機関車の牽引に決まっている！」

彼らが反対するのも、無理はなかった。それまでの電車は、おもに大都市近郊の通勤用で、騒音や揺れがひどく、長く乗れたものではなかった。長距離は機関車の牽引が当然という時代に、島の提案は、あまりにも突飛な夢物語のように思われた。

孤立する島。しかし、心強い味方が現れる。輸送局長の木島虎蔵《きしまとらぞう》であった。機関車での東海道線増発は、駅を広げる以外に不可能……。木島はそれができないのを承知で、電車導入との二者択一を反対派に迫った。

機関車牽引では、これ以上の高速化は望めない。それでもなお鉄道輸送の長距離高速化が求められている現実を前に、反対派は沈黙するしかなかった。木島の援護射撃のおかげで、島が計画した長距離電車実現の扉が開かれたのである。

島は長距離への足がかりとして、まずは中距離電車を手がけた。東京―沼津間を結ぶ80系電車、通称「湘南電車」である。高速化に向けて、新型の台車やブレーキ装置を導入した、長い15両編成の80系電車は、その後の電車開発の基礎となった。

高度経済成長時代の入り口に立ったこのころ、輸送機関にも大きな変化が訪れていた。日本航空の国内定期便が就航し、ビジネスマンの利用者が増加。高速道路の計画も発表され、車社会へ加速しつつあった。鉄道は斜陽産業と言われ、国鉄内にも危機感が漂い始めたころ、新しい総裁が誕生する。第4代国鉄総裁、十河信二《そごうしんじ》。鉄道の近代化、高速化に情熱を持っていた十河の就任と、80系電車の成功などにより、長距離電車構想は加速した。

十河の命を受けた島は、「東海道線増強調査会」の設置を指示。東京―大阪間、日帰り特急電車の実現に向けて動き出した。目標は時速120キロ、東京―大阪6時間半、1日1往復。メインターゲットはビジネスマンで、大阪への出張が日帰りでできる列車――その名も「ビジネス特急」。国鉄が初めて手がける長距離高速電車構想が、いよいよ本格化した。

じつはこれ以前に国鉄は、小田急電鉄の3000系SE車という、高速電車の開発に関わっていた。その経験が、ビジネス特急の開発に、大いに活かされることになった。

モハ90形の試験車両

写真：星晃

高速ながら、安定して走れることが証明された

まず反映されたのが台車であった。当時の電車は騒音がやかましく、本も読めないほど振動が大きかった。そこで国鉄は、「空気バネ台車」を開発する。

空気バネの仕組みは、ゴム製の蛇腹形容器に圧縮した空気を詰め、振動を吸収するというそれまでにないものだ。空気バネ台車を取り付けた試験車は、通勤電車・モハ90形。試験車に乗った国鉄幹部は、思わず声を上げた。

「電車の中でも、うまく字が書けるじゃないか！」

車体振動は減り、走行も安定し、結果、スピードアップにつながった。

東海道本線で行われた試験では、最高速度135キロをマーク。さらに、平均時速87キロという高速での連続運転も実証された。試験運転が立て続けに成功したことで、国鉄内の反対派の声も、日に日に小さくなっていったのである。

わずか11カ月で設計・製作

運命の日がやってきた。電化調査委員会のメンバーたちは、緊張の面持ちである報告を待っていた。この日の常務理事会には、ビジネス特急の正式採用が議題にあがっていたのだ。

長い1日を経て、メンバーの思いは通じた。ビジネス特急は、昭和33年10月1日のダイヤ改正からの運行開始が正式に決定した。

ビジネス特急の製造プロジェクト全体の取りまとめ役に就いたのは、国鉄の技術者・星晃。湘南電車の設計で客車の近代化に成功し、ヨーロッパの鉄道から得た知識を応用した、車体の軽量化技術にも通じていた。

とはいえ、その運行開始までは、わずか11カ月しかない。新たな車両をゼロから設計し、製作する期間としては、あまりに短かい。星は日々悩みながらも、さ

伝説＋α▶ ボンネットの内部には何がある？

こだま形電車のシンボルであるボンネット。その内部にはMG（電動発電機）とCP（電動空気圧縮機）が搭載されていて、編成全体に電力と空気を供給していた。MGの発電電力は空調や室内灯、放送などに使用され、CPの圧縮空気は空気ブレーキや空気ばね、ドアエンジンなどに使用されるもので、どちらも電車には欠かせない。

そんなMGとCPはモーターで駆動するため騒音や振動が発生する。とくに当時のCPはピストンを使ったレシプロ駆動だったため、動作時には「ドコドコドコ」という大きな騒音を発する。

そのため国鉄では特急形電車の居住性を最優先させて、客室から一番遠いボンネット内にMGとCPを納めたのだ。食堂車は消費電力が多いため、自前の小型MGを食堂車の床下に搭載したが、座席車での静粛性は十分に確保されていた。

モノコック構造

航空機の機体で実用化されていた技術を鉄道車両で適用した

まざまな策を講じていった。

新型車両のモーターと制御装置には、すでに実績を上げていたモハ90のものを転用。車体の軽量化には、初代ロマンスカーと同じく、航空機の機体に使われていたモノコック構造を採用した。

列車の顔となる先頭車両は、高速運転においては空気抵抗の要となる場所だけに、それまでにない設計が持ち込まれた。走り出すイメージを持たせた前傾姿勢のボンネット。特異な形状であったが、風洞実験の結果でも、充分な性能が得られることが確認された。

防音設計――目標は「小声でも話せる車内」。そのために床下にゴムを敷く、世界初の防振構造が採用された。何もかもが初めてづくしのビジネス特急。途中、さまざまな実験もくり返され、一歩一歩着実に、完成へと近づいていった。

乗客へのサービス面でも、それまでにないアイデアが数多く持ち込まれた。中でも星がこだわったのは、「旅の楽しさ」を演出するための設備の数々だ。ビュフェには電気冷蔵庫に始まり、電熱式酒かん器、ジュースクーラーなど。当時の庶民があこがれていた電化製品をそろえた。今ではオフィスビルなどに当たり前のように設置されているエアタオルだが、このときは商品化されて出回る20年も前であった。

高速運転での安全面などから窓が開かない設計にしたので、エアコンが必要となった。市販されて間もないウインドウ式のルームクーラーを改良、屋根の上に搭載した。

その他にも、2等車のシートにはラジオが、さらに、簡単な作業が可能なビジネスデスクスペースも設けられた。まさにビジネス特急は、時代の先端をいく存在として設計されたのである。

後に星はこう語っている。

「当時は私も若手の1人であった。電車担当の主任技師の内示を受けたときは正直驚いた。設計においては時間的に無理があったのだが、国鉄・メーカーの関係者が、はっきりした目標に向けて頑張っていたから成功したものであった」

時速110キロの決断

昭和33年5月4日。ビジネス特急の完成イラストが発表され、愛称の一般公募が始まった。前頭部が大きく突き出した、流線形のスマートなデザインは、人々の期待をさらに高めることとなった。

応募総数は9万通を超えた。その中から採用された愛称は「こだま」だった。日帰りができ、スピード感あふれるイメージで、ひときわ輝いていた。

開業への期待が一日一日と高まっていく「こだま」であったが、問題が次々と浮上する。目標とした時速120キロでの運転だと、雨の日などはブレーキをかけても、600メートル以内で停まれないことが判明した。じつは日本の鉄道には「列車のブレーキ距離は600メートル以内」という、厳しい規則があったのである。

設計上では、こだまは最高時速160キロでの運転も可能だ。しかし当時は、この速度を出した場合に、600メートル以内で停止できるブレーキが、存在しなかったのである。

島は悩み抜いたが、解決策は見つからなかった。そして断腸の思いで、時速110キロ運転を指示した。

伝説＋α▶ 狭軌の世界最高速度記録を樹立

こだま形電車は最高速度160キロで設計された。この性能限界および軌道・架線の関係を究明するための高速度試験を昭和34年7月27～31日に東海道本線金谷－藤枝間で実施した。

当初の計画では7月27～30日にかけて段階的に試験速度を上げる予定で、31日を予備日とした。しかし27日の試験で車輪踏面の変形による振動が発生したため、28日に125キロの試験を行った後大井工場に回送され、車輪を削正。このため29、30日の試験は中止され、予備日の31日の試験に臨むこととなった。

31日の試験は5回を予定し、130キロから10キロずつスピードアップしていった。そして4回目の試験で当時の狭軌世界最高速度となる163キロを樹立。国鉄の技術力を確認するとともに、さらなる高速鉄道、すなわち新幹線開発の礎となった。

それでも「こだま」は速かった。平均速度は時速80キロを超え、機関車が牽引する列車特急で7時間半かかっていた東京—大阪間を、6時間50分で走ることが可能になった。

運転速度のメドはついた。しかし、車体の完成も線路の補強工事も、スケジュールギリギリである。準備期間が十分とは言えない中での投入には、運行サイドも大きな不安を持った。

運転局の齋藤雅男は、営業担当常務・石井明正へ、営業運転開始の1カ月延期を直談判した。

「営業運転を1カ月遅らせたら、どれだけ収入が減るのかわかっているのか?」

「充分承知しております! これは運行の、そして乗客の安全に関わる問題です!!」

齋藤の気迫が、ビジネス特急こだまの運転開始を、11月1日に変えた。その際ダイヤのみは設定し、1カ月間「運休」の扱いにするという特例が持ち込まれた。1カ月の猶予で、さまざまな初期故障や相次ぐトラブルを解決、さらに試運転を慎重に行い、国鉄は何とか窮地を乗り越えた。

庶民があこがれた〝夢の超特急〟

昭和33年11月1日。この日は日本の鉄道史にとって輝かしい、歴史的な1日と記憶されることとなった。午前7時、東京駅。十河総裁のテープカットにより、こだま1号が曇り空の東京駅15番線から、満員の乗客を乗せ、颯爽と発車していった。

こだまの運行は、日本全土で大きな話題となった。これまでにないスピード、日常生活よりもワン

ビジネス特急「こだま」

当初の運転区間は、東京―大阪（神戸）間だった

ランク上の未来的な車内設備。今までは片道7時間半かけていた道のりを、ビジネス特急「こだま」は6時間半まで短縮したが、それ以上に、庶民のあこがれを形にした、まさに〝夢の超特急〟であったのだ。

多くの者が不可能と考えた、長距離を行く高速特急電車が、ついに現実のものとなった。

そして「こだま」で培った技術は、後の0系新幹線へとつながり、さらに新しい時代へとつながっていく。

川崎重工兵庫工場の一角に、往年の国鉄特急色に塗られた車両がひっそりと佇んでいる。この車両は、東海道本線で活躍していた当時、クハ151―1と呼ばれていた。昭和33年11月1日、電車特急上り東京行き「第1こだま」の先頭に立った車両だ。

ビジネス特急「こだま」は、日本の鉄道が世界に誇る高速鉄道へと進む道を切り拓いた、栄光の車両であった。

「こだま」運行開始当時の停車駅

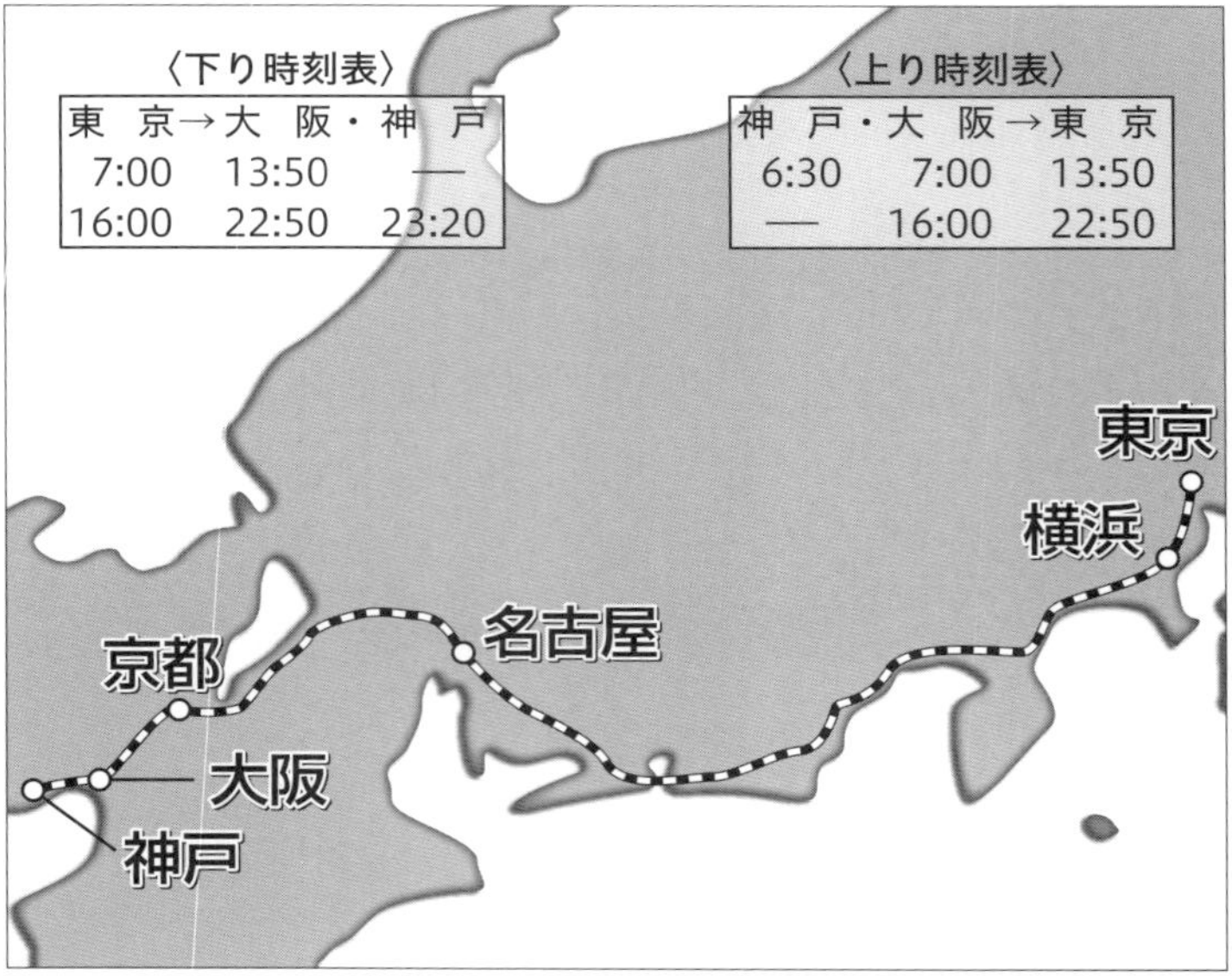

〈下り時刻表〉

東　京	→大　阪	・神　戸
7:00	13:50	—
16:00	22:50	23:20

〈上り時刻表〉

神　戸	・大　阪	→東　京
6:30	7:00	13:50
—	16:00	22:50

◎ビジネス特急「こだま」年表

大正14年	島秀雄が鉄道省へ入省
昭和30年	十河信二が国鉄総裁に就任
昭和31年	東海道線増強調査会が設置
昭和33年	5月4日、愛称公募開始 11月1日、「こだま」運転開始
昭和34年	最高速度時速163キロ
昭和35年	「つばめ」「はと」電車化
昭和36年	ダイヤ改正で増発、宇野まで延伸
昭和37年	広島まで延伸
昭和39年	0系新幹線の運転開始

長距離運行列車を開発せよ

昭和20年代までの長距離列車は客車列車が当たり前で、電車は都市部の近距離運転用だった。そんな電車による長距離運転を実現したのが、80系湘南電車だ。数百キロという長距離を電車で走り抜けるという、当時としては前代未聞の電車列車の成功で日本の鉄道は大きな転換期を迎え、やがて、こだま形電車や新幹線につながる長距離電車時代の幕を開いた。

所蔵：星晃

SPEC

形式：モハ80系／登場年：昭和25年／営業最高速度：95km/h／電気方式：直流1500V／主電動機（出力）：MT40形（142kW）／駆動方式：吊り掛け駆動／歯車比：2.56／台車：板バネ台車（初期車）・コイルバネ台車／ブレーキ方式：電磁自動空気ブレーキ

Introduction

80系湘南電車の開業時のパンフレット。
東海道線を駆け抜けた

電車の概念を覆し、電車による長距離運転を実現した

島秀雄が描いた夢

「80系湘南電車」は、蒸気機関車全盛の時代に、電車が長距離運行に耐えることを実証し、後の東海道新幹線誕生の礎となった。

E231系——東海道本線を走るこの電車の存在感を際立たせるのは、オレンジとグリーンの鮮やかなカラーリングだ。この絶妙な色合いこそ、戦後日本で長距離運行を実現した、伝説の「80系湘南電車」を継承するものである。

昭和20年、戦争が終わった。首都東京は一面焼け野原となり、瓦礫に埋もれていた。その光景にだれもが絶望に沈み、これからの時代に大きな不安を抱いた。そんな中で、決意を胸に立ち上がった、1人の技術者がいた。

「これからの復興の時代。鉄道の役割は大きい。そのためにも、新しい列車、電車が必要だ」

灰燼《かいじん》に帰した東京で、この男が思い描いた途方もない夢が、やがて日本の鉄道史を、大きく塗り替えていく。島秀雄——鉄道省でD51などの蒸気機関車を設計開発した鉄道技術者である。

島の電車列車への想いの原点は、戦前にさかのぼる。

昭和12年、島秀雄は鉄道の研究のため、世界各地を巡る旅へ。この旅で島の心を強く捉えたのは、オランダ・ロッテルダムの河川近くで、目にした電車だった……。なぜ電車なのか？

オランダでは、都市と都市の間がそれほど離れておらず、しかも干拓地が多く地盤が軟弱なため、重い機関車よりも軽い電車のほうが適していたのである。これは、海に囲まれ干拓地の多い日本にも、当てはまることだった。

蒸気機関車を愛し、設計技師として幾多の車両を手がけてきた島は、それゆえにその限界も熟知していた。車体そのものが重い上に、速度やパワーを求めれば、それに耐えられる強い線路が必要となる。このことは、蒸気機関車が主流であった日本の鉄道にとって大きな枷だと、島は思い続けていた。

その点、燃料や機関を搭載せず、重量も分散する電車なら、車体を軽量化できる。

電車は加減速の性能にも優れているから、緻密なダイヤを組めるようになり、運行時間の短縮化も可能……。そう考えた島は、1つの結論にたどり着く。

湘南電車の先頭車両

写真：星晃

島秀雄の夢を実現した

「日本では機関車よりも電車こそがふさわしい」

だがその考えは、すぐには実現できなかった。日本は戦争へと突入し、島たち鉄道技術者にとっても、苦難の時代が訪れたのである。

昭和20年3月10日、東京大空襲。島は鉄道省工作局の部下たちと、新宿区中野坂上の女学校へと疎開した。東京の街は一夜にして壊滅状態となり、ただただ絶望感だけが募った。

「やがて戦争は終わる。そして復興の時代がやってくる」

この国の復興のためには、鉄道輸送は必要不可欠だ。その時に走らせる車両を、島は考えていた。だからこそ今、部下たちの心を挫《くじ》けさせるわけにはいかない。

厳しい戦況の中、彼らの士気を高めるべく、島はそれまではまったく手つかずだった、高速電車を実現するための研究をスタートさせた。

電車を構成する各パーツごとに、考えるべき・解決すべき課題が山ほどあった。しかし、戦時下の何もない中で行われたこの時期の基礎研究が、戦後、島のそして日本のとてつもなく大きな財産となる。この時期に島が思い描いていた、「やがてくる電車時代」。後になって多くの技術者達が、その先見性に驚くこととなった。

台車振動の研究から

昭和20年8月、終戦。疎開中の基礎研究によって、電車列車を実現させるために解決しなければならない課題は、明確になっていた。その第1関門は、「台車の振動」だ。当時の電車は、台車の振動が座席に直接伝わるため乗り心地が悪く、長距離運行には耐えられなかった。

島は鉄道技術研究所を訪ねる。そこに松平精《ただし》という技術者がいた。

松平は戦時中に海軍で、航空機開発における振動研究を行っており、その第一人者であった。島は松平に訴えた。

「これから鉄道は長距離電車の時代になります。しかし、今の電車は振動が酷くてお客様が長時間乗れるものではない。あなたの振動研究の知識を活かして、この問題を解決していただきたい」

松平は、島の将来像の描き方に大きな衝撃を受けたという。

昭和21年12月、島の提唱によって民間車両メーカーの技術者も交えた「高速台車振動研究会」が発足。戦後の暗い世相の中、三菱重工業や川崎車輌など日本の車両メーカーのほとんどが参加したこの研究会——後に電車による長距離走行を可能にする、一大プロジェクトだった。

昭和22年、復興が進む中、鉄道輸送に対する需要が激増。とくに幹線である東海道本線では、輸送力不足が深刻化していた。そのため、新たな車両による増強が急務となっていた。そこで島は、これまで思い描いてきた計画を提案した。

「新型は電車でやりましょう」

だれもが島の提案に驚いた。日本では、明治の終わりころから、鉄道電化の声が上がっていた。しかし実際は、このころになっても長距離は機関車による牽引が当然であった。

東海道線で湘南区間を走る列車には、戦前から電車化計画があった。じつは昭和9年に東海道本線では、東京—沼津間の126キロにおよぶ電化工事が、すでに完了していたのである。だがその後、日中戦争などによって社会情勢は大きく変わり、計画は中止となっていた。つまり、電車の車両さえ作れば、走らせることができる……。

「東海道は、すぐに折り返し運行ができる電車でなければダメだ」

即座に反発が起こった。島の計画の前に立ちはだかったのは、多くの者たちが抱く電車の運行に対する深い不信感だった。

電車はあくまでも、都市部での近距離用の交通手段で、お客を乗せて100キロ以上の長距離を走れる代物ではない。長距離の、それも高速電車の実現など夢のまた夢であるというのだ。事実、電車部門は当時「出世コースから外れた者の部署」などと揶揄《やゆ》されていた。

その時、島に助け船を出したのは、当時鉄道省で輸送局長を務めていた木島虎蔵だった。

「東海道を機関車で増発しろと言うなら、駅を広げる以外不可能だ！」

折り返しに時間がかかる機関車列車を増発させるには、多大なスペースが必要。しかし東京駅には、もはや余裕はなかった。この現実的な指摘に、電車化案に反対する者たちも、黙らざるを得なくなったのである。

GHQを騙す

長距離電車の開発には、もう1つ大きな障害があった。〝GHQ〟である。占領下の日本で新型車両を開発するには、GHQの許可が必要だった。しかし、アメリカでも長距離列車はディーゼルか蒸気

戦前の省線電車

騒音が大きく、乗り心地が悪いため長距離運転に向いていないとされていた

の時代。100キロを超える長距離区間で長大編成の電車というプランには、まったく理解を示そうとしなかったのである。

そこで島たちは、奇策を打つ。

「東海道線の短距離通勤用列車として走らせます。それならば問題ないでしょう?」

島はこのようにGHQを騙《だま》す形で説得したのである。後にこの運行計画は藤沢まで、そして平塚までという具合に延びてゆき、やがて100キロを超える。

こうして昭和23年秋、「湘南電車計画」がスタートした。開業予定は昭和25年3月、一編成は15両という長大編成。全部で300両、20編成分を作る計画であった。

しかし昭和24年3月、GHQによる経済政策の変更により、新規の事業計画は大幅に予算を削られてしまった。これでは当初予定していた300両どころか、わずか10両程度しか作れない。

それでも島は、なんとか予算をやりくりして計画を練り直す。24年度に73両、翌25年度に102両とし、合計175両を製造することにした。

正式発注は昭和24年9月、だが納期は25年1月末と決まっている。開発期間が4ヵ月という、突貫工事が始まった。

最新鋭の技術は投入しない

昭和24年6月1日、「湘南電車計画」と歩をあわせるかのように、日本国有鉄道＝国鉄が発足した。島秀雄はそのまま、工作局局長に就任する。「湘南電車計画」に与えられた時間は、わずか4ヵ月。新たな時代の日本の鉄道を目指し、4ヵ月の生みの苦しみが始まった。さまざまなパーツで解決すべき技術的な問題は多かったが、島には勝算があった。

湘南電車で使う技術の基本部分は、大正時代から使われている電車設計の延長上で考える。むやみに実績のない新技術を使ってまで、高性能化は図らない。これこそ、蒸気機関車の開発のころから一貫し続けた、島の設計思想であった。

それまでの研究や実用で確証が得られた技術に改良を加えて性能を上げる。このやり方なら、未知のトラブルに対するリスクは大幅に減る上、確実性も高まる。さらに保守整備や製造コストにも、プラスに反映される。戦時下でも希望を捨てずに進めていた基礎研究が、ここで大いに役立った。

最新鋭の技術を投入したわけではない。しかし大幅な改良によって、これまでの電車開発技術の集大成と呼ぶべきものとなった。

まず高速走行実現のために、中間電動車方式を採用。従来の「モーターを載せるのは先頭車両」という考え方を止め、先頭車はモーターなし。中間車にモーターを搭載した。

長大編成運行を可能にするために、ブレーキも改良。自動空気ブレーキの採用によって、先頭車両から最後尾まで、ほぼ時間差はなくブレーキを動作させることが可能となった。

また、最大の懸案であった台車の振動、騒音の軽減については、鉄道技術研究所の松平の研究などが大きく貢献し、それまでにない快適な乗り心地の台車がで

伝説＋α ▶ 80系の自動空気ブレーキはひと味違った

長編成を組む80系のAER自動空気ブレーキは、通常の自動空気ブレーキに電磁空気弁と中継弁を取り付けたものだ。通常の自動空気ブレーキはブレーキ管に圧縮空気を送り込むことで、ブレーキシリンダを緩めておき、ブレーキをかける際はブレーキ管の圧縮空気を抜くことでシリンダを動作させる。これは万が一ブレーキ管が破損して空気が抜けた場合に、自動的にブレーキをかけるためだ。

しかし前から順番にブレーキがかかるので、長編成では前後でタイムラグが生じる。そこで80系では各車両に搭載した電磁空気弁を一斉に開くことで、全車同時にブレーキがかかるようにした。また中継弁によって、ブレーキ圧力を高めてブレーキ力も確保した。

この方式は特急・急行形気動車や20系ブルートレインなどにも応用され、日本の鉄道の発展に寄与した。

きあがった。

「これまでにないまったく新しいコンセプトの列車」である湘南電車では、車両設計でも試行錯誤が多かった。担当となったのは星晃だ。

長距離運行を考慮した、エレガントな車内空間やくつろげるシートがデザインされ、快適な長旅を可能にした。

星を悩ませたのは、トイレだった。何しろ電車列車で全車両にトイレを設けるのは、初めてのこと。ニオイが客室に流れないようにするため、ドアはデッキ側に向かうようにした。

じつはこの試行錯誤の中で、島はある物を開発している。それは便器が半分埋め込まれた形状のトイレだ。その形状を考案した者こそ、島秀雄その人だったのである。このトイレは現在でも使用され、「S型便器」と呼ばれている。Sは島の頭文字から取られた。鉄道技術者・島は、意外なところでも、歴史に名を残しているのである。

そして、一味も二味も違うのが、車両の斬新なカラーリング。それまでは茶系が主体だったのに対し、初めて〝色彩〟を感じさせる車両となった。星は後に語っている。

「とにかく暗い時代が続いたので、明るい色を塗ることにした。目立つ色は大いに湘南電車の宣伝に役立つと考えた」

鮮やかなオレンジと緑に塗り分けられた車体には、戦後復興への願いが込められていたのだ。

走行する湘南電車

問題を解決するうちに、批判の声は小さくなっていった

3枚窓から2枚窓へ

昭和25年1月、ついに湘南電車は完成した。国鉄の車輌称号規定では「70番台」が空いていたのだが、新しい画期的な車両であることへの想いを込めて、1つ飛ばした「80番台」が付けられた。

3月にはついに、東京―沼津を結ぶ東海道本線・伊東線での営業運転がスタートした。東京―沼津間をそれまでの客車列車に比べ30分も早い、2時間30分で走り抜けた。

初期には故障が続発し、「湘南電車」ならぬ「遭難電車」などと揶揄もされたが、島たち開発陣はその都度問題点を改善していった。

やがて、それまではなかった、電車で（沼津までの）長距離を走ることの爽快感、新型台車の快適な乗り心地、スピードなどなど、が人気を呼び、初期の批判はピタリとやんだ。

1次型の先頭車「クハ86」に関して、島は3枚窓のデザインが不満であった。

そこで星は、2次型では、デザインを一新する。

昭和25年下期以降に製造された第2次車からは、正面は鼻筋の通った2枚窓に変更。スピード感溢れる斬新なデザインは、それまでの日本の鉄道には、なかったものだった。このデザインは「湘南型」と呼ばれ、国鉄の、そして私鉄の車両デザインに大きな影響をおよぼし、まさに日本の鉄道を象徴する〝顔〟的存在となっていった。

新幹線誕生への道を拓く

島の目論見通り、80系電車の路線は後に浜松にまで到達する。世界でも類のない長距離電車列車となった。

80系は「電車列車」の未来を拓き、日本を「電車王

伝説＋α▶ なぜか1両も現存していない“湘南顔”の先頭車

80系2次車で採用された2枚窓の前面形状は「湘南形」とも呼ばれ、日本の鉄道業界に大ブームを引き起こした。そして全国各地の私鉄に湘南顔の車両が登場。国内の鉄道車両で、デザイン的にこれほどの影響を与えた車両は80系を置いて他にはないだろう。

80系は後継車の登場や老朽化によって昭和58年に営業運転を終了。山陽本線柳井駅構内に保管されていた80系のトップナンバー、クハ86001とモハ80001を除いて廃車・解体された。この結果、湘南顔の先頭車は1両も残っていない。

湘南顔の先頭車がなぜ保存されなかったのは理由は不明だが、当時の日本の鉄道を代表した顔の車両が現存していないのはじつに不思議な話だ。なお、元祖湘南電車のクハ86001とモハ80001は京都鉄道博物館で保存されており、いつでも見ることができる。

富士山を背に駆け抜ける80系

乗り心地やスピード、爽快感などで人気を集めた

国」へと導く第一歩となった。この電車が見せた大きな可能性は、後に島が手がけることになる「151系こだま」、そして「0系新幹線」の誕生へと、つながっていく。

しかし昭和50年代に入ると、80系電車は新型の電車にその座を譲り、次第にその姿を消していった。今では京都鉄道博物館にその栄えある1号車が展示されるのみである。かつては全国を走った80系電車も、もはやここ以外のどこにも残っていない。

東京までもが焼け野原となったさなかも、新技術の開発に向けて挫けなかった心。そんな心の持ち主たちが、日本が復興に向けて邁進する中で、新時代の鉄道である80系電車を生み出した。

この電車は、その技術力で自らの運命を力強く切り拓いていった、戦後日本の象徴とも言える存在だったのである。

湘南電車の運転開始当時の区間

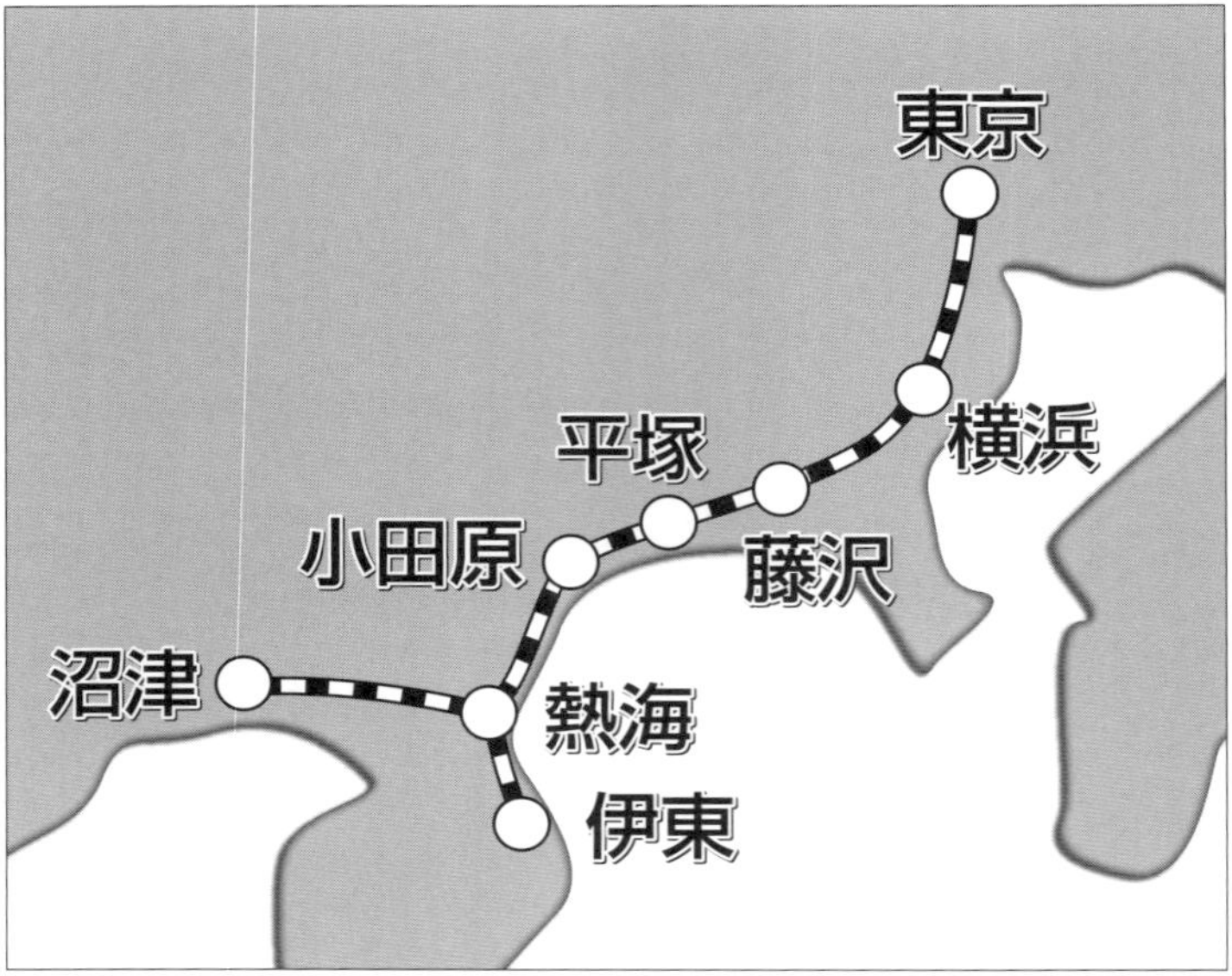

◉80系湘南電車 **年表**

昭和9年	東京―沼津間の電化完了
昭和12年	島秀雄が鉄道研究の旅へ
昭和21年	高速台車振動研究会が発足
昭和23年	湘南電車計画がスタート
昭和24年	日本国有鉄道（国鉄）が発足
昭和25年	「80系湘南電車」が運転開始
昭和58年	「80系湘南電車」が運転終了

昼夜を問わず走る電車を開発せよ!

昼は座席特急として走り、夜は寝台特急に変身させることで最大限に有効活用を図った581系特急形電車が昭和42年に登場。寝台特急「月光」と昼行特急「みどり」で運転を開始して「月光形」と呼ばれた。昭和43年には50Hzにも対応した583系が登場し、東北本線・常磐線でも運転開始。東西の特急街道の主力をになった。

写真：野口昭雄

SPEC

形式：581・583系／登場年：昭和42年（581系）・昭和43年（583系）／営業最高速度：120km/h／電気方式：直流1500V・交流20000V50Hz（583系50/60Hz）／主電動機（出力）：MT54形（120kW）／駆動方式：中空軸平行カルダン駆動／歯車比：3.50／台車：空気バネ台車／ブレーキ方式：電磁直通空気ブレーキ

Introduction

北海道と四国を除く地域で、
昼夜を問わず走り続けた583系特急

高度経済成長を象徴した世界初の寝台電車

記録より記憶に残る車両

開放的な座席車、そして細かく仕切られた寝台車の客室。まったく違うように見えるが、じつは同じ1つの車両だ。国鉄５８１・５８３系は、昼は座席車、夜になると一転、寝台車に姿を変えて、昼夜を問わず走り続けた。

時代は高度経済成長期。24時間走り続け、働くさまは、当時のモーレツサラリーマンを彷彿させた。全盛期は短くとも大きな存在感を示した５８１・５８３系は、スポーツ選手にたとえるなら、まさに「記録より記憶に残る」車両だった。

「きたぐに」は、国鉄時代に開発された５８１・５８３系車両により編成されている。その最大の特徴は、客室を座席にも寝台にも変えられる特殊な構造だ。

高度経済成長に沸く昭和39年、東京オリンピック開催にあわせて、東海道新幹線が開業。人とモノの動きが活発化し、輸送需要が増大する中、国鉄は車両基地の逼迫《ひっぱく》問題に悩まされていた。新型車両を次々に製造し、増備した結果、車両基地はもはや限界を迎えていたのだ。

そこで昭和40年秋、当時の国鉄副総裁・磯崎叡《いそざきさとし》は、前代未聞の新形車両の開発検討を指示した。それこそが、昼夜両用の寝台電車。昼行の座席車と夜行の寝台車を、１つの車両で昼夜を問わず走らせ、車両基地に入る時間を極力減らそうというのだ。

向日町車両基地の「月光」

581・583系は合計434両が製造された。

車両の増備と基地問題を解決する、まさに一石二鳥のアイデアだった。

昼夜両用の寝台電車、その投入区間の有力候補として考えられたのは、上野―青森間と新大阪―博多間。新幹線がまだ開業していないため、夜行寝台電車が採用される需要は十分にあった。これらの区間で、当初は急行として運転する予定だったが、その後、特急形へと変更された。

その理由となったのが「夜行列車選好率」である。夜行列車を利用する乗客の割合を移動時間ごとに示した国鉄の調査資料だ。

昼行と夜行のうち、夜行を選ぶ乗客の割合は、移動時間が8時間に達したあたりでおよそ半分になる。これは、運転時間を8時間前後に設定すれば、昼行と夜行の利用客が、ほぼ同数になることを表していた。

上野―青森間や新大阪―博多間を8時間前後で運転

昼間の座席と夜間の寝台

同一車両とは思えないほど見栄えが変わった

するためには、特急にする必要があったのだ。さらに8時間前後であれば、行きは昼行、帰りは夜行といった具合に、休む間もなく折り返し運転をすることも可能だった。

ヨンサントオの主力へ

高度経済成長期になると、特急料金を支払えばだれでも快適な車内で過ごすハイグレードな旅ができるようになり、特急電車の輸送量が急増していた。

国鉄の常務理事会は、昼夜両用の寝台特急電車の投入を決定し、昭和43年10月のダイヤ改正、通称「ヨンサントオ」改正の主力として位置づけた。またそれに先駆け、1年早い昭和42年10月、新大阪―博多・大分間で試験的に投入されることも決定した。

開発チームは、世界初の寝台座席両用電車の開発を、わずか9カ月で完成させなくてはならなくなった。しかも、昼夜両用の寝台電車が特急になったことで、車両開発のハードルは一気に上がった。昼間の特急座席車としての開放的な空間と、夜間の寝台がずらりと並ぶ仕切られた空間では、その違いがあまりにも大きいのだ。

じつは、従来の寝台列車も、座席車として使用できるようにはなっていた。長距離列車の場合、夜間だけではなく翌朝以降も走るためだ。とはいえ、それは寝台列車としての座席。個室のようになっていたり、隣の寝台との間仕切りがあるため、特急電車の客室としては不十分だった。

矛盾する2つの空間を完璧に成立させ、なおかつ昼と夜で転換できる構造にするには一体どうすればよいのか？

限られた時間の中、この難問に挑んだのは、数々の車両設計を手がけてきた星晃率いる国鉄車両設計事務

伝説＋α▶ スタイリッシュだった貫通形デザインの悲喜こもごも

581系の先頭車は将来の分割併合を考慮した貫通形デザインを採用した。このデザインは昭和47年から他の特急型電車にも波及し、183系、381系、485系、489系に採用され、一時は標準スタイルとなった。しかし実際に分割併合を行うことはなく、逆に貫通扉からの隙間風が運転士に不評だったため、昭和49年には非貫通構造にモデルチェンジした。また、昭和51年に「かもめ」「みどり」で分割併合を実施した際も貫通路を使うことはなかった。

宝の持ち腐れになるかと思われた貫通構造だが、国鉄時代末期に485系「くろしお」で初めて貫通路が使用された。その後JR東日本183系や、JR西日本485系・183系で日常的に使用されるようになった。そして583系もスキー臨時列車「シュプール」を485系と連結して運転した際に貫通路を使用したことがあった。

所と、複数の車両メーカーだった。

開発メンバーは、メーカーの枠を越えて意見を重ねた。図面では確認しがたい面があるため、実寸大のモックアップ（模型）を突貫工事で製作し、国鉄の関係者に披露した。

好評だったのは、中央通路形のタイプだった。従来の中央通路形寝台の客室から間仕切りをなくして、特急電車にふさわしい開放的な客室を造り出そうとした。

夜行の寝台定員を確保するためには、３段寝台を持つ「側廊下型」のほうが有利だったが、閉塞感があるため、採用を見送られた。

そこで従来の２段寝台から、３段寝台へと変更する方法がとられた。従来の中央通路形寝台では、シートをずらし込むようにして下段寝台とする構造になっていた。そこで今回も、寝台電車の下段は同様の方式で設計された。

寝台の転換構造のアイデアスケッチ

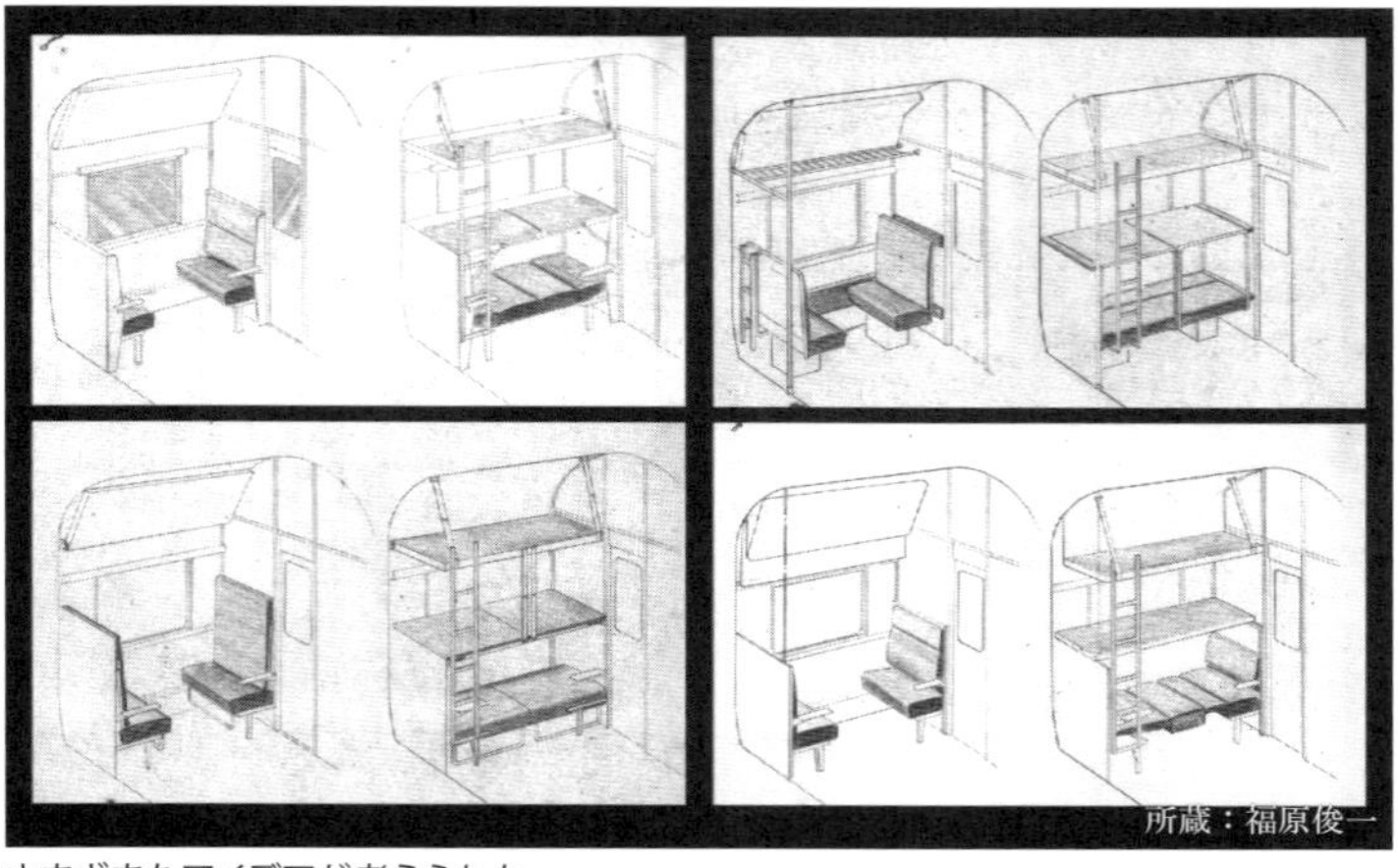
所蔵：福原俊一

さまざまなアイデアが考えられた

問題は、上段寝台と中段寝台の転換構造だ。昼間は、中段寝台を背もたれの裏側に収めるなど、さまざまな方法が考案された。しかし、いずれも客室内にデッドスペースが生じたり、構造が複雑すぎるなどの問題を抱え、解決策が見つからない。

ただでさえ時間がない。このまま設計に手間取っていては、その後の製作工程が間にあわなくなってしまう。開発メンバーたちに、焦りが募っていった。

荷物棚を跳ね上げる

画期的なアイデアを提案したのは川崎車輌チームだった。当時、川崎車輌で設計課長を務めていた大西晴美は複数の案件を抱えて多忙を極める中、チームの意見を取りまとめながら寝台電車の開発にあたっていた。

大西は、とにかく簡単な構造を目指した。昼夜両用となる寝台電車では、毎日のように座席の転換作業が行われる。その苦労を軽減するためにも、簡単でなければならないと考えたのだ。

大西を中心にチームで検討を重ねた結果、上段と中段寝台を天井から下ろすことにした。しかし、中段寝台を下ろすためには荷物棚を通過しなくてはならない。荷物棚と支柱を作業のたびにいちいち取り外していたのでは、作業に大変な手間がかかってしまう。

チームのメンバーが頭を悩ませる中、ふとひらめいたのは、設計士の1人・平塚幸男《ひらつかゆきお》だった。

「これだ！　どうでしょうか？」

「いいじゃないか！　いいぞ！」

こうして、土壇場で起死回生のアイデアが生まれた。

大西ら、川崎車輛チームは、昼夜両用の寝台特急電車の座席を、寝台へと転換する1つの秘策を胸に、神戸から東京の国鉄設計事務所へと向かった。

それは「荷物棚を跳ね上げる」という意外なアイデアだった。

まずは荷物棚をいったん跳ね上げて、そこにできた隙間に中段寝台をくぐらせる。続いて荷物棚を戻し、その上に上段寝台を設置。それまでに考案されたあらゆる方法に比べ、格段に簡単な構造となっていた。星も同意する。

「簡単でしかも頑丈な、よく考えられた構造ですね。この構造で設計しましょう」

しかし、克服すべき課題はもう1つあった。それは将来の分割併合運転を考慮した貫通構造の設計だ。分割併合運転では、1つの編成車両を分割したり、別々の編成車両を1つに併合するため、先頭車両に貫通路を備える必要がある。

寝台特急電車の先頭車両のデザインにおいては、当初から運転台の位置を高くすることが決まっていた。この方式は、特急こだま以降に採用され、見晴らしが良く、高速運転に適していることもあり、運転士にも好評だった。

問題はその下に設置する貫通路のデザインだった。従来の貫通構造では車両前面に大きなホロがむき出しとなっていたが、新しい時代を担う特急電車のデザインとしては、ふさわしくなかった。星は、開発メンバーとともに、先頭車両のデザインについてくり返し検討を重ねた。その結果、ついに革新的なデザイン方式を創り上げた。

貫通路を使わない時はホロが見えないようにするため、開閉式の外扉を取り付けたのだ。これにより、重厚感とスマートさを兼ね備えた新しい特急電車の顔が誕生した。そして、この方式は、現在の車両にも受け継がれている。

開発メンバーは昼夜を問わず一丸となって開発に取組み、不可能とも思われた、わずか9カ月での開発を成し遂げた。

昼行として運行された581系「みどり」

世界初の昼夜両用寝台特急として注目された

「みどり」「きたぐに」「月光」

昭和42年10月、世界初の昼夜両用寝台特急電車「581系」はデビューを果たした。

昼行は新大阪―大分間を結ぶ「みどり」として運転された。客室内は開放感に溢れ、ボックスシートは向かい合って座っても十分にゆとりのある幅が保たれた。客室だけではなく、食堂車も天井が高く開放的な雰囲気となっていた。

昼間の運転が終わると、車両基地で座席から寝台への転換作業を開始。寝台急行「きたぐに」でも、昼行として運転されることがあったため、座席・寝台の転換作業が行われていた。

寝台の転換作業に続いて、リネン類をセットする。寝台電車の就役当時、目的地に到着してから夜行として出発するまでの時間は、およそ3時間だった。転換作

伝説＋α▶ 幻に終わった15両編成計画とクハネ583形

昭和43年に東北地区に投入された583系は、50/60Hz両対応であること以外は581系と同仕様で、付随車は共通していた。一方東北・常磐線の昼行特急ではグリーン車が必要不可欠とされ、新形式のサロ581形を連結した13両編成で運行を開始した（サロ581形は後に関西特急にも連結）。

また、東北・常磐線は夜行列車の人気も高かったため、15両編成への増強を計画した。しかしクハネ581形の電動発電機では容量が150kVAと不足するため、容量210kVAに増強するとともに客室定員を座席8名・寝台6名増加させたクハネ583形を昭和45年に製造し、従来のクハネ581形を置き換えた。残念ながら583系の15両編成は実現しなかったが、現在では考えられないエピソードだ。

「月光」の出発式

国鉄関係者や報道陣など多くの人々が見送った

業も当初の狙い通り、特急並みの早さで行うことができた。

夜行は新大阪―博多間を結ぶ「月光」として運転された。寝台幅は従来に比べて格段に向上した。それまでの寝台は52センチだったが、581系の上中段の寝台幅は70センチ、下段にいたっては106センチ幅を確保した。

寝台料金は当時の2等寝台より、やや高めに設定されたが、寝台幅の広さや、浴衣・ハンガーの提供といったサービスが評価され、人気を集めた。

上野―青森間を2時間短縮

昭和43年10月、通称「ヨンサントオ」と呼ばれるダイヤ改正により583系が登場。日本全国での大増発を迎えた。

日本では西日本と東日本で異なる電源周波数が採用

583系「月光」

新大阪ー博多間を結ぶ寝台特急として運行された

されており、581系は西日本のみの対応だったが、583系は新たに開発された両用変圧器を搭載し、全国の電化区間で走行可能となった。

山陽・九州方面では、昼行として名古屋―熊本間の「つばめ」、新大阪―博多間の「はと」に投入。夜行は従来の「月光」に加え、新大阪―熊本間の「明星」、名古屋―博多間の「金星」が登場した。

東北方面では上野―青森間に投入され、昼行は「はつかり」、夜行は「はくつる」と、常磐線経由の「ゆうづる」として運転された。

「ヨンサントオ」改正では特急の最高速度が120キロへ引き上げられ、上野―青森間は従来よりも2時間近く短縮され8時間30分で結ばれた。

さらに、昭和45年10月の改正では、昼行「しおじ」「有明」、夜行「きりしま」が登場。京都―西鹿児島間を結ぶ「きりしま」の走行距離は、じつに1000キロにも達した。

581・583系は、東海道新幹線の東西両脇を固めるかのように、昼も夜も休みなく走り続け、これにより青森から西鹿児島までが、特急電車で結ばれた。

そんな581・583系には、知る人ぞ知る人気のスポットがあった。581・583系は、寝台を備えるために屋根の高さを車両限界ぎりぎりまで上げていたが、パンタグラフを設置する部分だけは屋根を低く抑える必要があった。そのため、この部分に限っては2段寝台が設置されていたのだ。下段寝台より料金が安いにもかかわらず、寝台内の天井は少し高めであることから、好んで利用する乗客も少なくなかった。

昼夜を問わず走り続けた581・583系。だがその全盛期は、長くは続かなかった。

やがて、昼と夜にわたる酷使と、寝台を備えた車両の重さが仇《あだ》となり、台車の亀裂などが頻発し、対策工事に追われるようになった。

また、他の寝台車が2段化され、幅も広くなり、座席車もリクライニングシートが登場する中、581・583系の設備は、次第に見劣りがするようになっていた。

そして昭和50年に山陽新幹線が、昭和57年に東北新幹線が開業すると、581・583系の昼夜両用の優位性は、完全に失われた。優等列車の就役期間は、通常20年から25年、長い場合は30年にもおよぶ。

583系「きりしま」

京都—西鹿児島（現在の鹿児島中央）間を結ぶ寝台特急として運行された

しかし581・583系が昼夜両用の寝台特急電車として活躍したのは、およそ15年。次第に定期運用がなくなり、余剰車も出始めていった。

寝台急行として平成23年まで運用

やがて、新たな道を歩む車両が現れた。昭和58年から59年にかけて登場した、長崎・佐世保線や北陸・東北地区のローカル列車たちだ。

ところが、いずれも583系を近郊形電車として改造し、一部の中間車を先頭車に作り替えたもので、本来の力を発揮することのない不本意な転用だった。

そんな中、ついに新たな転機が訪れた。昭和60年、581・583系は、大阪—新潟間を結ぶ夜行寝台急行「きたぐに」として運行を開始した。「きたぐに」は、新たに2段寝台のA寝台が加わり、他にもグリーン車など、多彩な編成となっていた。

昭和62年の国鉄民営化以降、ＪＲに受け継がれた５８３系の車両が臨時電車として使用され、定期運用から消え去り、あるいは廃車の道をたどって行く中、「きたぐに」は平成23年の引退まで、寝台急行電車として走り続けた。

惜しまれながらの引退――平成25年、「きたぐに」は、留置されていた京都向日町の車両基地内で、特別にその走りを披露してくれた。それは、かつての黄金期を彷彿させる、力強く、颯爽とした走りだった。

５８１・５８３系は高度経済成長期の大量輸送需要に応えるべく、昼夜両用の寝台特急電車として誕生した。東海道新幹線の開業後は、その東西を固めるかのように活躍し、それぞれの地で新幹線開業を迎えるまでの一時代を強力に支え続けた。

高度経済成長を象徴する新幹線の開業、その華やかなデビューの傍らには、昼夜を問わず猛烈な勢いで疾走し、太く短く生きた、時代の寵児の姿があった。

ヨンサントオ改正で導入されたダイヤ

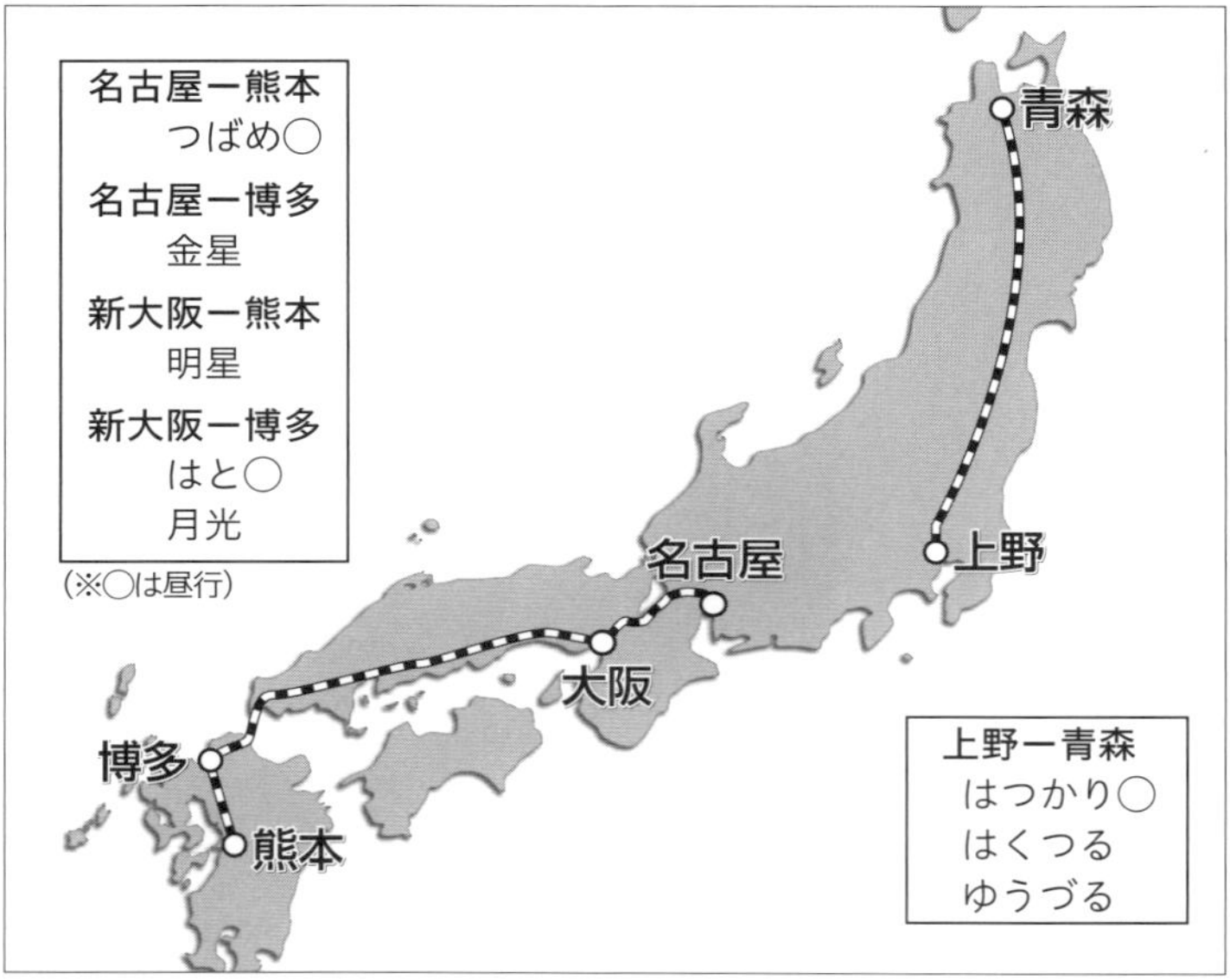

◎581系・583系 年表

昭和40年	昼夜両用の寝台電車の開発スタート
昭和42年	581系「みどり」が運転開始
昭和43年	581系「はつかり」「はくつる」「ゆうづる」が運転開始 583系「明星」「金星」が運転開始
昭和45年	583系「しおじ」「きりしま」が運転開始
昭和60年	581・583系「きたぐに」が運転開始
平成23年	定期運転を終了

Episode 04

鉄道伝説

特急「あさかぜ」国鉄20系客車

走るホテルを作れ!

昭和30年代までの夜行特急は、サービス面で大きく見劣りするものであった。それを払拭したのが20系である。青い車体にクリーム色の細帯を3本巻いた姿は、後にブルートレインと呼ばれ、全国の寝台特急網を整備するきっかけをつくった。

写真：星晃

SPEC

形式：20系／登場年：昭和33年／営業最高速度：110km/h（昭和43年から）／電力供給方式：集中電源方式／車種構成：一等1人用個室・一等2人用個室・一等開放式寝台・一等座席・二等開放式寝台・二等座席・食堂車・電源車／台車：空気バネ台車／ブレーキ方式：AREB 電磁自動空気ブレーキ

Introduction

雑多な客車を混成させたそれまでの夜行特急と異なり、
固定編成で、空調完備かつ完全電化だった

「走るホテル」と絶賛された20系ブルートレイン

輸送力増強の鍵は車両軽量化

かつて日本中に大ブームを巻き起こしたブルートレイン。この「ブルートレイン」という呼び名のルーツになった列車が特急「あさかぜ」に代表される20系軽量客車である。すべての車両が、統一されたブルーの車体、固定編成ならではの編成美、豪華な内装、乗り心地のよい空気バネ台車。そのすべてが日本人には初めてだった。

20系客車は、「走るホテル」と称された。その言葉の意味するところは、単なる移動手段ではなく、優美な外観と豪華な設備、そして、非日常的な空間で快適な旅をしつつ目的地を目指すという、新しいライフスタイルの誕生を物語っていた。20系客車は、登場するや否や、瞬く間に人々のあこがれの車両となった。

昭和25年、朝鮮戦争による特需を契機に日本の経済は息を吹き返し、本格的な復興と発展の道を歩み始めた。経済の急成長に伴い、鉄道の輸送量が急増。その対応に国鉄は追われることになった。

輸送力をアップさせるには線路の複線化や電化が不可欠だった。しかし、莫大な予算がかかるインフラの整備を優先することは、戦争で多くの資産を失った復興途上の国鉄にとって、とても無理な要求だった。加えて、地盤が弱く耐久性の低い日本の線路では、車両の軽量化こそが輸送力増強の鍵を握っていたのである。

20系「あさかぜ」

星晃は日本人が乗れる豪華で夢のある列車を構想していた

軽量化については、昭和28年ごろから各メーカーなども研究を重ねていた。試作案もいろいろ登場し、私鉄では軽量車体の電車が営業運転を開始。国鉄もやはり、同じように軽量化の道を模索していた。

とくに長距離用の寝台客車は軽量化が強く望まれた。新型車両開発の指揮をとることになったのは、工作局の技師・星晃。まだ34歳という若さだった。

国鉄は星に車両の軽量化を学ばせるため、昭和28年から1年間、スイスを中心としたヨーロッパへ派遣していた。

星を派遣した理由は、日本と同じ山岳国スイスでこのころ、新しい軽量客車が実用化されたという情報が伝わってきたからである。狭軌鉄道の国・日本から来た技術者を警戒する者はいなかった。

星は各地の車両工場などを自由に見学した。写真も好きなだけ撮らせてもらった。大きな成果を得て帰国した星は、すぐさま新型車両の開発に取りかかる。

車体設計は、スイスの客車を手本に進められた。スイスの客車と従来の国産客車との大きな違いは何か？ それは台枠の上に鉄板構造を組みあげていくやり方ではなく、薄い鉄板を一体構造にして車体全体で強度を出す、いわゆる、飛行機のモノコック構造と同じ考え方であった。

たとえば、車体の中で一番強度を出すのが困難な一列に並んだ窓の穴の部分。それまでは、窓の上下に帯状の鋼鉄を付けて補強していたが、一体構造にすることで、強度を確保しながら同時に軽量化を行うことができた。

前例のない方法

設計はできた。ただし、それをそのまま形にするのは容易ではなかった。問題は従来の客車造りとは勝手が違う製造方法。今までの国産車両は、重い鉄板にリベットを打って組み上げていた。

しかし今回は、薄い鋼板同士を溶接して、全体を一体構造にしなければならない。前例のない製造方法に、現場は混乱に陥った。

工場の担当者たちは、今までと勝手が違うことに文句を言った。

「こんな薄い鉄板を溶接できますか？」

「丸い車体って、こんなに大きい箱をどうして丸くできるんですか！」

「そこをなんとかひとつ」

星は車両製造工場を一軒一軒訪ねて頭を下げ、協力を仰ぐ日々を続けた。初めは疑心暗鬼だった担当者たちも、星の地道な努力に少しずつ理解を示していった。

昭和30年、10系客車、すなわち軽量化された一般用の客車が完成した。重量は、今までの客車の４分の３。それは３両しか引けなかったパワーで４両引けるようになることを意味する。

つまり、それまでの機関車に、より多くの客車をつなぐことが可能になったのである。

翌年、軽量化された10系寝台客車も完成した。輸送力増強を願う国鉄にとってはありがたい客車の誕生であった。

だが、星の思い描く豪華寝台特急とは、さらに上のレベルの姿であり、10系は決して満足のいくものではなかったのだ。

製造中の10系車両

薄い鉄板を溶接した一体構造で、軽量化を目指した

星はヨーロッパに派遣される前に理想を語っていた。

「寝台車を中心にしたホテルのような列車を作りたい。ベッドで目を覚ましたらクラブ室でコーヒー、くつろぎのひとときは展望室。一貫した機能のある新しい車両が必要だ」

完成した10系は、各方面の列車に採用された。その中の1つが昭和31年11月19日、大幅なダイヤ改正の目玉として登場した、東京―博多を結ぶ寝台特急「あさかぜ」である。

戦後初の長距離寝台特急として登場したあさかぜは、九州までの長距離を1本の列車で走破できる利便性と、夕方出発すれば翌日の昼までに目的地に到着できるダイヤ編成で大ヒットした。いきなり満席という上々のスタートを切る。

しかし、新設計の10系客車を中心にしつつも、戦前の客車や元GHQ用の高級客車など、新旧の車両が混

伝説+α▶ 国内の客車列車で初めて最高速度110km/hで運転

20系は昭和43年10月から最高速度を95km/hから110km/hに引き上げ、これにあわせて20系は従来の自動空気ブレーキに電磁弁と中継弁を取り付けたAREB電磁自動空気ブレーキに改造した。ブレーキをかけると電磁弁が作動して編成内のブレーキ動作のタイムラグをなくすとともに、中継弁から元空気ダメ管の空気をブレーキシリンダに送り込んでブレーキ圧力を増強させる。

AREBを動作させるためには機関車にも電磁回路と元空気ダメ供給ホースが必要で、100km/h以上で走行する区間では高速対応の機関車が用意された。また、AREB化と同時に20系は空気バネ用コンプレッサを撤去したため、95km/h区間でも空気供給できる機関車が必要となった。なお晩年の20系は電源車の荷物室にコンプレッサを搭載したため、機関車の制約はなくなった。

一般型客車を使用していたころの「あさかぜ」

旧来の台車を使用していたため、乗り心地に改善の余地があった

在するバラバラな編成。お世辞にも見た目が良いとは言えなかった。

これは特急の名に値しない

「あさかぜ」の1番列車に乗車したのは、国鉄の常務理事・石井昭正だった。石井は博多発のあさかぜに乗る前、国鉄本社へ電話した。

「私が着くころにスタッフは全員東京駅のホームに集合すること」

翌日、東京駅9番線ホームに並ぶスタッフの中に、星の姿もあった。ホームに降りてきた石井の第一声は、驚くべきものだった。

「これでは特急の名前に値しない」「この車はもう限界！　すぐに新しいのを作らないとダメだ！」

何ごとかと思って待っていた彼らにとって、青天の霹靂だった。

石井は、もっと高いレベルを求めていた。「特急」というものは、ただ速いだけではない。乗務する人も乗る人もプライドを持ち、旅を満喫する最上級の呼称である。つまり「特別」な急行であることを、10系を中心にした「あさかぜ」は明確に打ち出せてはいなかったのだ。

確かに10系は軽いので編成は長くできるが台車は旧来の考え方のもの。要するに、乗り心地も内装も従来通りだ。とても最上級列車と言えるものではなかった。庶民にとってはありがたい列車ではあったが、実用一点張り。これでは急行との差は到着時間だけと言われかねない。

国鉄の予算すべてを統括する石井の言葉を聞いた星は、これで自分が思い描いていた豪華寝台特急の開発ができると確信した。

じつは星は、この10系「あさかぜ」が走るおよそ1年前に工作局の中で新しい特急用車両の計画を秘密裏に練っていた。昭和30年11月29日には、早くも「新特急用車両の製作について」という草案を作っていたのである。草案には、他への流用を考えない「豪華特急専用の固定編成にすること」が提案されていた。

「客車としては他の列車への流用を考えず、この新しい超特急列車専用であって編成としてそろう形をとり、全編成を内ホロおよび外ホロで結び、各車間は密着連結器を使用し、各等ともに室内設備は最高水準をねらい、独特の外部塗装を行って一般車両との違いを判然とし、わが国鉄として画期的な優秀列車になるようにする」

星は終戦後、ＧＨＱの要請で外国人用の豪華車両の設計を手がけていた。このときからすでに、いつかは日本人が乗れる豪華で夢のある列車を作りたいと、星は具体的な構想を暖めていたのである。石井の一言があってまもなく、営業局から正式に、10系「あさかぜ」の改善要求が、星の元に届いた。これが実質的な20系の開発要請である。

豪華で夢があり、快適な「走るホテル」

新しい特急用車両のデビューは、昭和33年10月１日と定められた。この時点であと2年を切っていた。加えて、星にはもうひとつ大きな仕事が与えられた。東京—大阪間を結ぶビジネス特急、後の１５１系「こだま」の開発を同時に任されたのだ。

しかもそのデビューも20系と同じく、昭和33年10月１日。星の生活は完全に仕事一色になった。豪華寝台特急の開発には卯之木十三《うのきじゅうぞう》が抜擢された。幸いなことに、卯之木は星の後輩にして親友。

「彼が来てくれれば、10系ではあきらめていた部分を完全な形にできる」

星には自信があった。星の構想に近い思いを、卯之木も持っていた。

当時、欧米では航空機の発達と自動車の普及の影響で鉄道が斜陽産業になったと言われ、日本もいずれ同じ道をたどるとされていた。

航空機のスピード、自動車の手軽さに対抗する鉄道の長所は何か？　それは快適性だ。客室内の空間が比較的ゆったりとれ、食堂車・寝台車も完備できるのは鉄道ならではである。

振動・騒音を防止して快適に移動できるようにすれば、鉄道旅客輸送の地位は将来も確保できる。そこで10系製作でつちかったモノコック的構造をベースに豪華な特急たる見た目、内装、快適さを実現する。これが20系の基本コンセプトになった。

「豪華で夢があり快適な車両」——このコンセプトを実現するため、星と卯之木は、まず乗り心地にこだわった。初めて本格的に空気バネ台車を導入。大きなゴムボールのようなものの上に車体を載せる空気バネは、極めて快適な乗り心地を実現する。これにより、長時間にわたる車内の居住性は飛躍的に向上した。

全車冷暖房完備——当時の一般家庭にエアコンはまだ普及していなかった。全車に装備されていること自体が、まさに夢の列車であった。

伝説＋α▶ 20系のブルーが与えた影響

20系が登場するまで国鉄の客車は茶色だったため、20系の青い車体は鮮烈な印象を与えた。20系を牽引した電気機関車EF58形も程なくして青色に塗り替えられ、EF58形の後継車となったEF60形500番代、EF65形500番代も青い専用カラーとなった。挙げ句の果てには直流電機機関車の標準色が青となっている。

昭和33年に上野－青森間で運行を開始した特急「はつかり」も、20系を模した青に白帯を回した塗装を施した。やがて、茶色い旧型客車の多くが青色に塗り替えられて、全国各地で活躍した。

当の20系は昭和40年ごろからブルートレインと呼ばれるようになり、青は国鉄の近代化を象徴するカラーのひとつとなった。そして現在も青を継承した客車は残っている。

20系「あさかぜ」の食堂車（日立製作所製）

列車の中とは思えないほどの豪華な食堂車を備えていた

「自由に内装をデザインしてよい」

またエアコンが車内の密閉化を可能にした。窓ガラスを2重ガラスにしたことで、車内の温度は安定し騒音を防ぐこともできた。冷房装置は床下に装備し、車内を広く使えるようにした。3等にいたるまで照明、車内の調度品を見直し、質感の向上を狙った。

さらに日本では初めての1人用の個室、「ルーメット」を設定。単独の旅行者へのプライバシーにも細かく気を配った。

内装にも今までにない独自性を出した。同じ形式の車両は同じデザインというのが、今までの普通の考え方。しかし製造先には、自由に内装をデザインしてよいと思い切った発注をした。

食堂車をみると、その内装の違いは明らかだ。自由な発想を内装デザインに取り入れることで、よりクリエイティブな車両を実現することができた。

星の理想とする豪華寝台特急を実現するために、技術的な新しいアイデアも取り入れた。電源車を1台増結し、列車全部の電力をまかなうことにした。

非電化区間を長く走る寝台特急は、客車で用いる電力の確保が必要不可欠だった。全車冷暖房完備ということになると、相当余裕のある電源が必要となる。そこで、ディーゼル発電機を搭載した強力な電源車が設定され、確実な電源供給が行われることになった。

全車固定編成で運用、長編成で統一感のある美しいデザイン、しかも特急以外には流用しないことで差別化した。このことが特急ならではのプレミアム感を演出したのだ。また、途中駅での客車増結や切り離しは一切行わないことにした。

開発、製造、そしてデビューさせるまで2年弱という短い期間。しかし星と卯之木は、新型車両に2人の思いを1つずつ着実に込めていった。

南北に残した栄光の足跡

昭和33年10月1日、20系「あさかぜ」は、その美しい姿を人々の前に現した。ブルー一色にアイボリーのラインがスマートな、鮮やかな編成美を誇る列車が東京駅を出発。それは、日本で今までに見たこともない豪華な列車ができたことを人々が実感した瞬間だった。

寝台特急「あさかぜ」

ブルートレインの名で長く親しまれ、九州、東北を駆け抜けた

その後、20系はさまざまなところで活躍することになる。東京―博多間の「あさかぜ」、鹿児島までの「はやぶさ」、長編成化がなされた長崎までの「さくら」。さらには東北方面にも足をのばし、20系は南へ、北へと栄光の足跡を残していった。栄光の特急「あさかぜ」は、客車が14系、24系と変わりつつも、平成17年3月までその運行を続けた。

一方、「あさかぜ」の人気を不動のものにした20系は、固定編成であるがために分離して運用できないことが仇となり、その寿命を縮めた。短い編成に改造された20系は、地方のスキー列車などに転用されて余生を送った。

ただ、20系に始まったブルー一色の編成美には人気が集まり、昭和40年代からはブルートレインと呼ばれるようになった。20系が拓いた寝台特急の潮流は、確かに一時代を築いていったのだ。

昭和33年11月の「あさかぜ」の運転区間（下り）

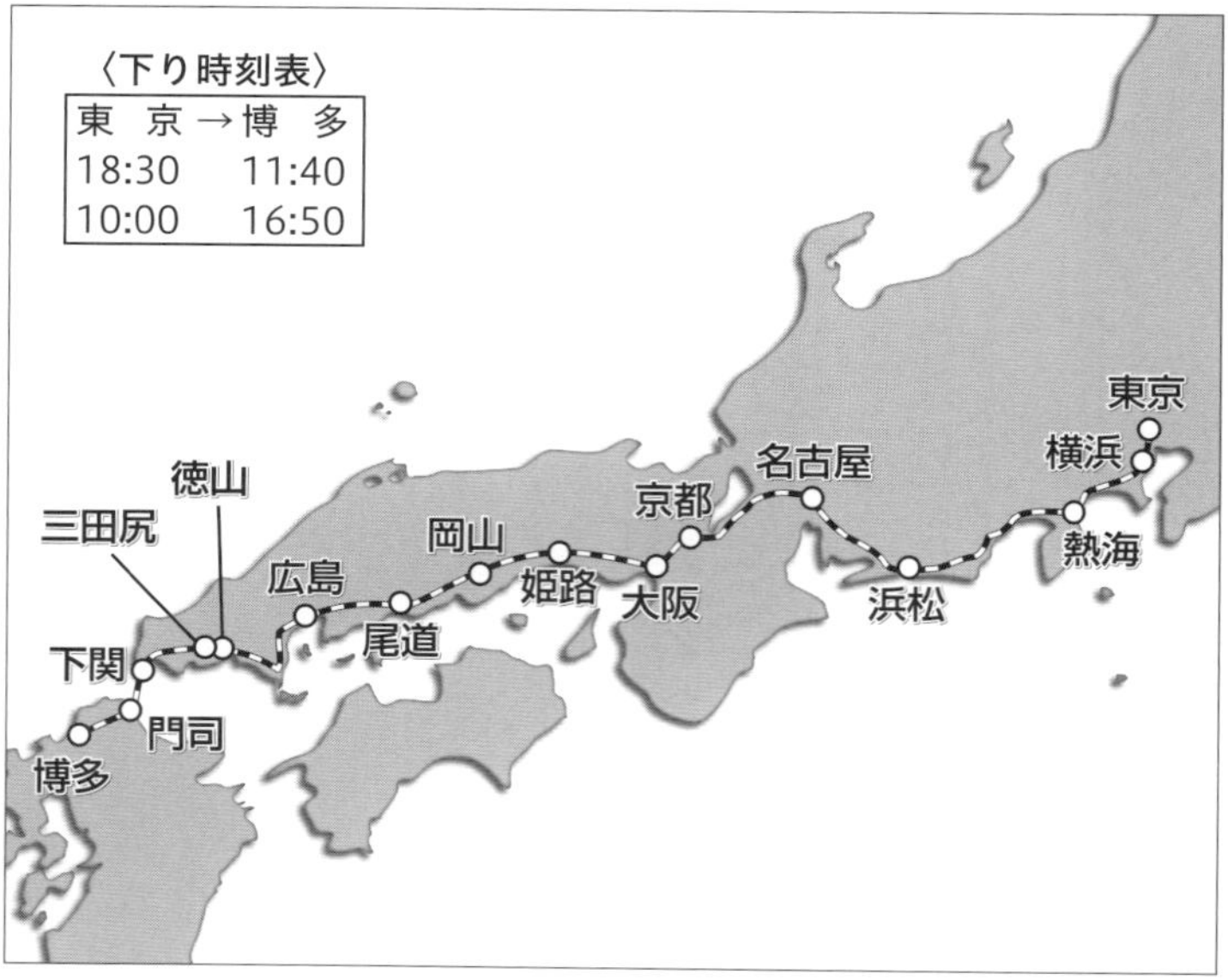

◎20系「あさかぜ」年表

昭和28年	星晃がヨーロッパへ派遣される
昭和30年	10系客車が完成
昭和31年	10系「あさかぜ」運転開始
昭和33年	20系「あさかぜ」運転開始
昭和53年	20系使用を廃止
平成17年	「あさかぜ」運転終了

あさかぜのポスター

所蔵:星晃

高速鉄道網を全国に完備せよ

昭和35年から運転を開始したディーゼル特急の課題は、エンジンパワーの非力さであった。そのため、山岳路線はもとより平坦線区でもスピードアップの障害となっていた。これらの問題を解決するため、500馬力のエンジンを搭載した新系列特急型気動車としてキハ181系が登場し、ディーゼル特急のスピードアップを実現した。

写真：裏辺研究所

SPEC

形式：キハ181系／登場年：昭和43年／営業最高速度：120km/h／動力方式：液体式／ディーゼルエンジン（出力）：DML30HS形（500馬力）／台車：空気バネ台車／ブレーキ方式：CLE電磁自動空気ブレーキ

Introduction

山岳路線を走るディーゼル特急。
その主力となった気動車が「キハ181」だ

国鉄最強のパワーを誇った特急形気動車

非電化路線を走るディーゼルカー

現在も、全国の非電化路線で運行されている、〝ディーゼルカー〟。その歴史の中で、30年以上も日本各地を走り続けていたのが、「キハ181」だ。全国の高速鉄道網を支えたその勇姿は、今でも多くの人々の目に焼き付いている。

播但線を走った特急「はまかぜ」を最後に、「キハ181」は静かに引退していった。

国鉄が作ったディーゼルカーの完成形と呼べる、「キハ181」――この車両は開発時点から、日本鉄道史における極めて重要な計画で、大きな役割を担わされていた。

ディーゼルカーとは、ディーゼルエンジンを積んだ車両のことで、自動車と同じく、内燃機関の動力で走行する。ディーゼルカーの登場以前の鉄道は、蒸気運転がほとんどだった。今でこそ「列車」と言えば、多くは〝電車〟を指すが、昭和30年代までは〝蒸気機関車が牽引するもの〟だった。当時は全国約2万キロの路線に対し、電化されていたのはわずか2000キロに過ぎなかった。

つまりそのころは、長距離列車の走る、「非電化区間」すなわち、都市近郊を除くほとんどの路線では、蒸気機関車に頼らざるを得なかった。しかし、蒸気機関車は大量の石炭を消費するため、燃費も悪くて非効率。電気機関車やディーゼル機関車と比べると、その差は明らかであった。

また、トンネルでは煙が車内まで入り込み、乗客・乗務員に多大な苦痛を与えた。こうした煙の被害は沿線住民にまでおよび、煙をなくすことも大きな課題となっていった。蒸気機関車の運行によって生じるさまざまな問題の解消を、今や時代が求めていた。

おりしも、ヨーロッパの鉄道先進諸国では、「ヨーロッパ横断特急」が誕生。新しいディーゼル特急が、成功を収めていた。時代に後れを取り始めた国鉄。その開発陣には、「高速鉄道網を全国に完備する」という重い課題が突きつけられた。

ただし、東京偏重の限られた予算の中で、地方にも特急を走らせるのは、至難の業だ。そこで、国鉄は1つの大きな計画を実行する。その名は、「動力近代化計画」――国鉄の保有する、鉄道車両の動力を近代化するという内容だった。

具体的には、蒸気機関車を計画的に廃止し、全国の鉄道路線を電化していくというものだ。しかしすべての電化には、相当の資金と時間が必要なため、早期実

伝説＋α▶ キハ81系とキハ181系用に試作されたエンジンの結末

国鉄はキハ81系に搭載するために6気筒400馬力のエンジンを試作した。このエンジンはディーゼル機関車DD13のものをベースとして水平シリンダとしたものだったが、当時の技術では潤滑系の問題が解決できず、また液体変速機の変速ショックも解消できなった。そのためキハ81系用のエンジン開発は中止され、旧式の8気筒180馬力エンジンを搭載。試作エンジンは放棄された。

一方、キハ90系で比較試験の後、キハ181系の走行用エンジンとしては不採用となった6気筒300馬力エンジンは、発電用エンジンに仕様変更されてキハ181系や14系ブルートレイン等に搭載された。さらに走行用にパワー220馬力に落とした6気筒エンジンも開発され、キハ40系やキハ183系（電源車）に搭載された。そのため、エンジン開発は無駄にはなっていない。

現は不可能だった。

苦心の末、国鉄が採った次善の策が、列車のディーゼル化である。既存の電化路線に加え、15年かけて主要幹線5000キロを電化、残りをディーゼル化するという計画だった。

トラブルが相次いだ初代ディーゼル特急

動力の近代化——蒸気機関に代わる策として検討されたのは、電化とディーゼル化。しかし当初から、電化区間と非電化区間の間には、大きな差があった。東海道本線はすでに全線電化を完成し、電車特急「こだま」や、ブルートレイン「あさかぜ」が早くも運転を開始していた。

その一方で、全国路線のほとんどを占める非電化区間の輸送能力は、大きな後れをとっていた。電化区間と非電化区間の輸送能力の差をなくすこととは、すなわち、全国に特急網を広げるということ。そして、そのために必要になるのは、非電化区間を走り抜けるディーゼル特急であった。

東京—大阪間を片道6時間半、日帰りを可能にしたビジネス特急「こだま」。この成功を機に、国鉄では動力近代化の動きが加速する。当時の総裁は、十河信二だった。

「日本における初のディーゼル特急を製作し、アジア諸国への車両輸出のきっかけにしたい」

十河の意向を受けて、特急専用の新型ディーゼルカーが、急ピッチで開発されることとなった。

昭和35年に開かれた第2回アジア鉄道首脳者会議で、新型車両のお披露目が行われた。日本初のディーゼル特急「キハ81」——「キハ181」の原型となった車両である。

「キハ81」は、昭和35年12月から、「はつかり」の営業運転に投入された。これまで12時間かかっていた上野—青森間を、最速10時間25分で走った。

もっさりとした、独特の形状から「ブルドッグ」の愛称で親しまれた「キハ81」。ところが、人気とは裏腹に、トラブルが相次いだ。車両設計・製作をおよそ1年という、あまりにも性急なスケジュールで完成させたことが災いした。

冷房や車内照明などのサービスに使う発電用エンジンが、走行の大きな負担になった。エンジンは各車両1機ずつしか積めなかったため、食堂車などには、走行用エンジンを搭載できなかったのだ。

馬力のないエンジンでの長距離運転の結果、エンジンに高い負荷をかけ続けることとなって、勾配の続く

キハ81「はつかり」

「ブルドッグ」と呼ばれ、人気車両となった

坂道での立ち往生、排気管からの排気漏れなどの故障が頻発した。ついには列車火災まで起こしてしまい、新聞で「はつかり、がっかり、事故ばっかり」と悪しざまに叩かれた。

トラブル続きの「ブルドッグ」を、このままの状態で全国路線へ拡大投入するわけにはいかない。しかし目前には、「動力近代化」実現を左右する、重要なダイヤ改正が迫っている。国鉄開発陣にとって、まさに針のむしろ、試練のときだった。

エンジンのパワー不足

昭和36年10月1日に実施された「全国白紙ダイヤ改正」は、国鉄すべての列車の運行をゼロから見直し、ダイヤもすべて引き直すという、膨大な改正作業である。これは俗に、「サンロクトオ」の大時刻改正と呼ばれた。

具体的には、全国に9往復しかなかった国鉄特急列車を、一気に26往復まで増加。それはすなわち、電車とディーゼルカーによる高速鉄道網を全国的に整備するということでもあった。

この「全国白紙ダイヤ改正」での失敗は絶対に許されない。国鉄開発陣は、ダイヤ改正までのわずかな期間も惜しみ、ならし運転をできる限り行って、データを集めた。

また、食堂車を2つのエンジン搭載車両に変更するなどの策を講じて、出力不足も補った。そうやって何とか、「キハ81」の改良型車両が誕生した。

ダイヤ改正の命運を握った改良型車両は、「キハ82」だ。特急の増発とともに、その運行は全国に拡大。多くの路線を走りぬけた。「キハ81」「キハ82」の非電化路線への投入によって、特急網が全国に大きく広がっていった。ここにようやく、動力近代化は大きく進んだかに見えた。

だが、根本的な問題が解決されていなかった。エンジンのパワー不足である。

日本のいたるところに存在する山岳路線。そこでは電化が遅れていたために、ディーゼル特急に頼らざるをえなかった。しかし、当時のエンジンの馬力では、運転できない場所がいくつも存在したのである。急勾配の多い山岳路線では、常にオーバーヒートの危険性がある。それでも全国各地から、強く特急運転を望む声が後を絶たなかった。

とはいえ、基本設計が戦争前に行われたままの旧式

キハ82「白鳥」

写真：福原俊一

大阪ー青森間などを走った

エンジンでは、日本の山々を克服することは不可能だった。

ここにいたり、国鉄は大きな決断をする。エンジンのフルモデルチェンジである。

昭和39年、国鉄は大出力のエンジン開発に乗り出した。

「急勾配の山上りも苦にしない、新しいエンジンを新型車両に！」

そして開発されたのは、馬力の違う2種類のエンジン。次世代のディーゼルエンジンをどちらにすべきか、国鉄は当初決めかねていた。そこで試作車両をつくり、エンジン性能を比較することに。完成した車両は、「キハ90系」と呼ばれた。

実用試験がくり返された結果、6気筒300馬力エンジンで山岳路線を上るには、1両につき2基必要になることが判明。これによって、12気筒500馬力エンジンが、次世代のディーゼル特急用エンジンとして、正式採用されたのである。

そして昭和43年、新型ディーゼルエンジンを搭載した、「キハ181」が誕生した。それまで8気筒180馬力しかなかったエンジンは、12気筒500馬力という、驚異的なパワーアップを実現。最高速度も、時速100キロから120キロへと向上した。

「キハ181」は、国鉄として初めて大出力エンジンを搭載した、量産型のディーゼル特急だ。一方で、デザインは「キハ82」の貫通式を継承していた。車体は肌色の地に赤のライン。この色の組み合わせは、「こだま151系」で初登場してから「キハ81」「キハ82」と受け継がれてきた。

後に「国鉄特急色」と呼ばれるようになる、伝統の配色であった。

「ヨンサントオ」でデビューしたキハ181

国鉄の伝統と、新たな技術革命――両方を兼ね備えた「キハ181」はこの年、昭和43年10月1日の、「全国白紙ダイヤ改正」でデビューした。

「ヨンサントオ」と呼ばれる、この「全国白紙ダイヤ改正」。蒸気機関車の廃止を進め、全国的な高速鉄道網の整備を行った点で、現在にいたるJR列車体系の基礎を作った、歴史に残るダイヤ改正であった。

新たに登場した「キハ181」の役割は、勾配の続く山岳路線での特急運転である。これまで特急列車のなかった中央西線に特急「しなの」としてデビューを飾り、その後全国に広まっていった。

ディーゼル特急の顔として、山岳路線の切り札とし

キハ181「やくも」

昭和47年～57年にキハ181気動車が使われていた

て、昭和43年に登場してから、日本の鉄道史に輝かしい足跡を残してきた、「キハ181」。国鉄がJRになってからも、第一線で活躍し続けた。

ミャンマーに譲渡される

昭和42年には、国鉄のディーゼルカー保有数は5000両を超えていた。以降十数年間、5000両の大台で推移している。その内「キハ181」は、昭和43年から47年までの間に、158両が製造された。「キハ181」はディーゼルエンジンの全盛期の中で誕生し、国鉄がJRに変わって以降も、長く第一線で活躍し続けた。まさにディーゼル特急、「非電化区間のエース」だったのである。

だが、JR四国における全車引退を皮切りに、JR西日本でも、山陰本線や福知山線の電化、新型車両への置き換えが進んでいく。「キハ181」は、デビュー

伝説＋α▶ 屋根上ラジエーターは役立たず?

キハ181系中間車の外観上の特徴である屋根上の黒い物体はエンジン冷却用のラジエーターで、内部にエンジンの冷却水を通して走行風で冷却するというものだった。しかし冷却能力が著しく低く、キハ181系がオーバーヒートを多発させる原因となった。

とくに奥羽本線経由で上野－秋田間を結んだ特急「つばさ」は上野－福島間を最高速度120km/hで走るため、慢性的にオーバーヒート気味で、この結果福島－米沢間の急勾配を登ることができず、この区間では電気機関車がキハ181系を牽引。その間にエンジンをアイドリングして冷却するという運転が強いられた。

後にキハ181系中間車は床下に強制通風式ラジエーターを追加。当初は補助的な使用を前提としていたが、後年は床下ラジエーターをメインとして使っていたという。

キハ187「スーパーいなば」

「キハ181」の老朽化にともない、山陰本線に導入された

から40年、かつての栄光の車両も落日のときを迎えていた。最後まで営業運転を行ったＪＲ西日本も、平成22年11月6日に定期運行を終えた。

同年の12月23日をもって、すべての運転を終了。後継のディーゼル車両へと、その役目を引き継いだ。

現在、「キハ81」は京都鉄道博物館に1両、「キハ82」は全国各地に数十両存在している。ディーゼル特急の全盛期を作った車両たちは、先輩車両たちと静かな余生を過ごしていた。

そして、この物語の主人公「キハ１８１」は、一部が旧津山扇形機関車庫に保存されることが正式に発表されたほか、15両はミャンマーに譲渡され、第二の人生を歩むことになった。

ディーゼル特急が花形だった時代、国鉄特急色が輝いて見えた一時代を作った、「キハ１８１」。今はその使命を終え、多くの人の記憶の中で生きている。

キハ181が走った区間（昭和47年3月ダイヤ改正）

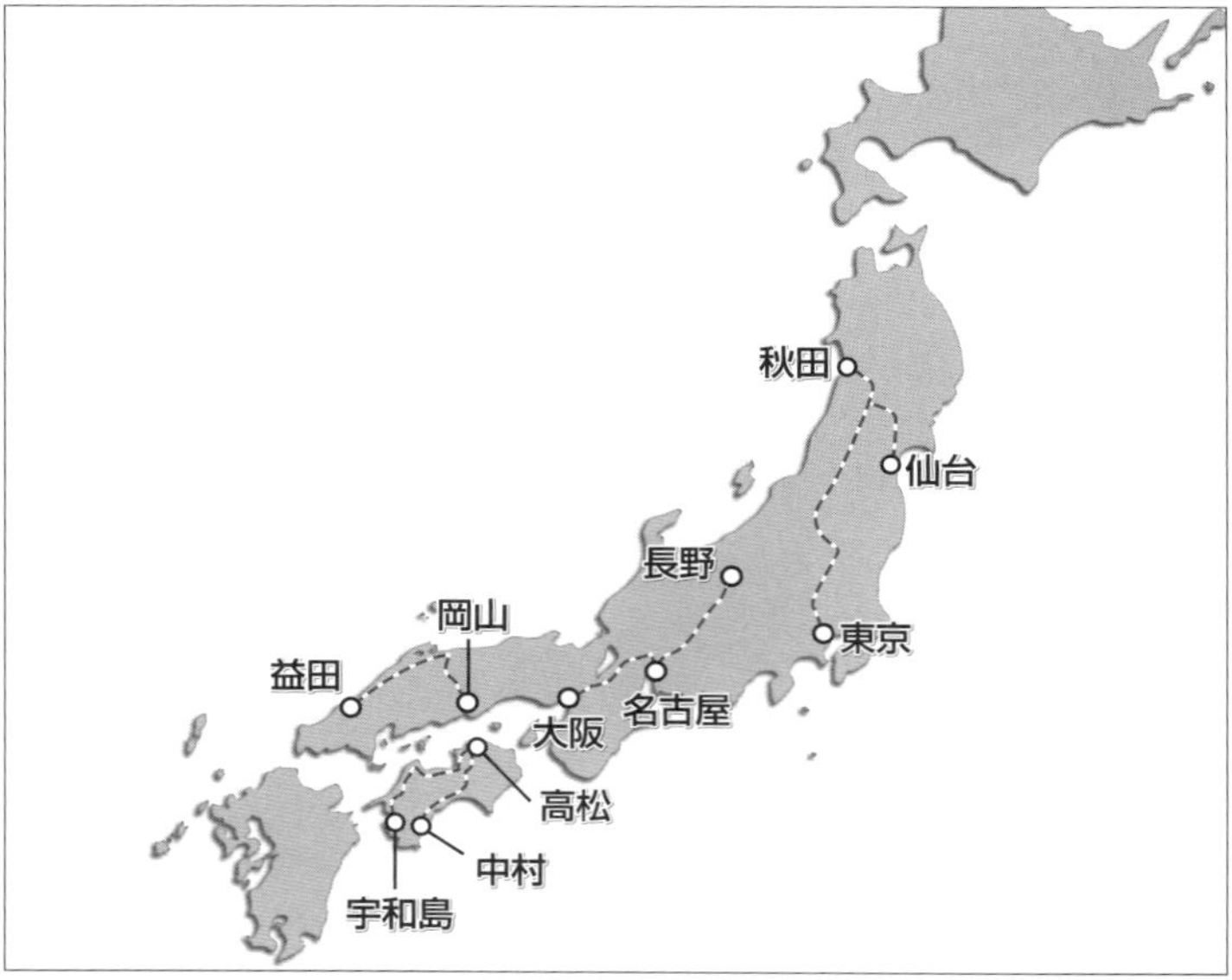

◎キハ181 年表

昭和35年	キハ81が運転開始
昭和36年	「サンロクトオ」のダイヤ改正実施、キハ82が運転開始
昭和41年	キハ90系試作車が登場
昭和43年	「ヨンサントオ」のダイヤ改正実施、キハ181が運転開始
昭和56年	キハ183が運転開始
昭和61年	キハ185が運転開始
平成13年	キハ187が運転開始
平成22年	キハ181の運転終了

Episode 06

鉄道伝説

動力近代化計画

未来へ向けて国鉄一大プロジェクト

戦後しばらくまで国鉄の主役だった蒸気機関車牽引の列車は、運行経費がかかる割には輸送力が乏しいという課題があった。そこで国鉄は、路線の性格に合わせて最適化した動力システムに更新する方策を打ち出し、新しい車両の開発が進められた。そして昭和51年に、蒸気機関車の淘汰が完了した。

写真:福原俊一

DATA

昭和50年度末当時の国鉄車両

新幹線電車：2,240両／電気機関車：2,051両／ディーゼル機関車：2,204両／客車：6,725両／電車：14,262両／気動車：5,326両／貨車：120,597両

Introduction

昭和30年代の半ばからはじまった、動力近代化計画。
これにより、鉄道の主役が交替した

経済性、効率性を考えながら進められた動力近代化

蒸気から電気・ディーゼルへの転換

世界でも指折りの鉄道王国である日本。最も多かった昭和50年前後には、2万キロを超える路線を誇っていた。昭和39年には世界初の高速鉄道・新幹線を開通させるなど、日本の鉄道技術は、現在でも最先端を走っていることは疑いようがない。そんな日本の鉄道史において、新幹線開通のわずか10年前まで主役の座を担っていたのは、蒸気機関車だった。

このまま、エネルギー効率の悪い蒸気機関車に頼っていては、日本の鉄道は世界から遅れ、衰退してしまう――危機感を抱いた国鉄は、世界でも類を見ないスピードで、動力を蒸気から電気やディーゼルに転換する大方針を打ち出した。昭和34年にまとめられた「動力近代化計画」である。

その結果、わずか15年の間に数々の優秀な電車や気動車、機関車、そして新幹線までもが国産の技術によって生み出され、それまで海外の技術に頼っていた日本の鉄道技術は、瞬く間に海外へ車両や技術を輸出するまでに急成長を見せた。「動力近代化計画」は、国鉄が産業の礎となる鉄道の未来、ひいては日本の未来を賭けて取り組んだ一大プロジェクトであった。

戦後の復興が始まった昭和20年代、国鉄車両の主力はまだまだ蒸気機関車だった。当時、国鉄全体ではおよそ5000両が在籍し、全列車のほぼ3分の2を牽引していた。

蒸気機関車は速度調節がしやすく、日常の保守も比較的容易であり、石炭を余分に投入すれば設計出力以上のパワーを出せる器用さを持ち合わせるなど、鉄道車両に適した特性を多く持っていたことから、日本の鉄道開びゃく以来80年にわたって動力車の主役の座に君臨していた。

しかし蒸気機関車のエネルギー効率、つまり石炭の熱量から列車牽引の動力に変換されるエネルギーの割合は、わずか5％にすぎない。電気機関車やディーゼル機関車に比べて効率の悪い動力源だった。また蒸気機関車は煤煙《ばいえん》がひどく、トンネルの多い線区では隙間から吹き込む煤煙で真っ黒になるため「カラス列車」と呼ばれていた。

戦後の日本は、目覚ましい復興を遂げつつあり、これからますます経済は発展し、輸送需要が飛躍的に増大する。いつまでも非効率的な蒸気機関車に頼り続けるわけにはいかない。

そんな中、昭和30年5月に国鉄の第4代総裁に十河信二が就任した。

十河は、増大する一方の輸送に応えるためには国鉄全体を近代化することが必要だという強い信念を持っていた。そして、蒸気から電気・ディーゼルへの動力転換と併せて輸送方式を近代化し「より安全でよりよいサービスを、低コストで」を目的とした動力近代化の実現を最重要施策に掲げた。もちろん、動力近代化にはこれを技術面から支える人材が必要である。

そこで十河が白羽の矢を立てたのは、元車両局長の島秀雄だった。そのとき、島は昭和26年の桜木町事故の責任をとって国鉄から離れていた。十河の依頼を受けて、島は昭和30年12月に技師長として国鉄に復帰する。ここに、動力近代化を推進する強力なツートップ体制ができあがった。

そして十河は一刻も早い動力近代化を実現するために、国鉄総裁の諮問機関「動力近代化調査委員会」を昭和33年3月に発足させ、動力近代化への調査・検討を開始した。

動力近代化といっても、直ちにすべての蒸気機関車を廃止すればよいという単純な話ではない。旅客列車、貨物列車、車両基地での入れ換えなど、さまざまな用途・局面において電気やディーゼルなど、なにを動力として使うのが最も合理的なのか――さまざまな選択肢を検討し、最適な答えを導き出さなくてはならない。動力近代化調査委員会では、まず蒸気機関車を電気車両に置き換えるための電化区間について検討を開始した。

電化区間を一気に3倍へ

動力近代化調査委員会が発足する前の昭和30年度に設置された「日本国有鉄道電化調査委員会」は、主要幹線３３００キロの電化をすでに提言していた。

一方、昭和29年には、東北の仙山線で交流電化の実用化に向けた試験が開始されており、この時試作された交流電気機関車ＥＤ－４５　１は予想以上の好結果を残す。交流電化はそれまで使われていた直流電化に比べ、初期投資の費用が少ないなどの経済的なメリットがあり、地方の路線の電化には好都合であるため、電化の伸展に大きな追い風となった。

そこで、動力近代化調査委員会では将来の輸送量や動力費、投資効果などを勘案して、電化調査委員会の3300キロ電化計画にさらに上乗せして、北海道・九州の主要幹線も加えた5000キロを新たに電化したほうが有利という判定を下した。当時の国鉄全線の電化キロは2500キロしかなかったので、そこから一気に7500キロに大きく飛躍する方針が打ち出されたのである。

それでも地方には、乗客数も少なく、費用対効果を考えるとメリットが少ないため電化されない路線はまだ数多く残る。

蒸気機関車を残すかディーゼルに転換すべきかが、次に検討された。費用で考えると、この当時、客車10両を連結して東京から大阪まで走った場合、蒸気機関車はおよそ8万円の石炭を使うのに対し、ディーゼル機関車の軽油はおよそ4万円、つまり非電化の線区もディーゼル化したほうが経済的である。

こうして、動力近代化調査委員会は昭和34年6月に「遅くとも15年以内に5000キロの路線を電化しその他の線区はディーゼル化を行い、蒸気運転を全廃すべき」という結論を出し、十河に答申した。その時点でほとんどの蒸気機関車はすでに製造から40年の老兵となり取替えは必須とはいえ、わずか15年の間に、主力である蒸気機関車をすべて廃止しようというのである。

代替の車両は確保できるか、乗務員や修繕体制は整えられるか――実現の可能性を危ぶまれるほどの、まさに未曾有の大転換計画であった。しかし、十河はこれを決断し、翌年から直ちに実行に移された。

大枠の方針は決まったものの実際にどう近代化を進めて行くのか、問題は山積みであった。蒸気機

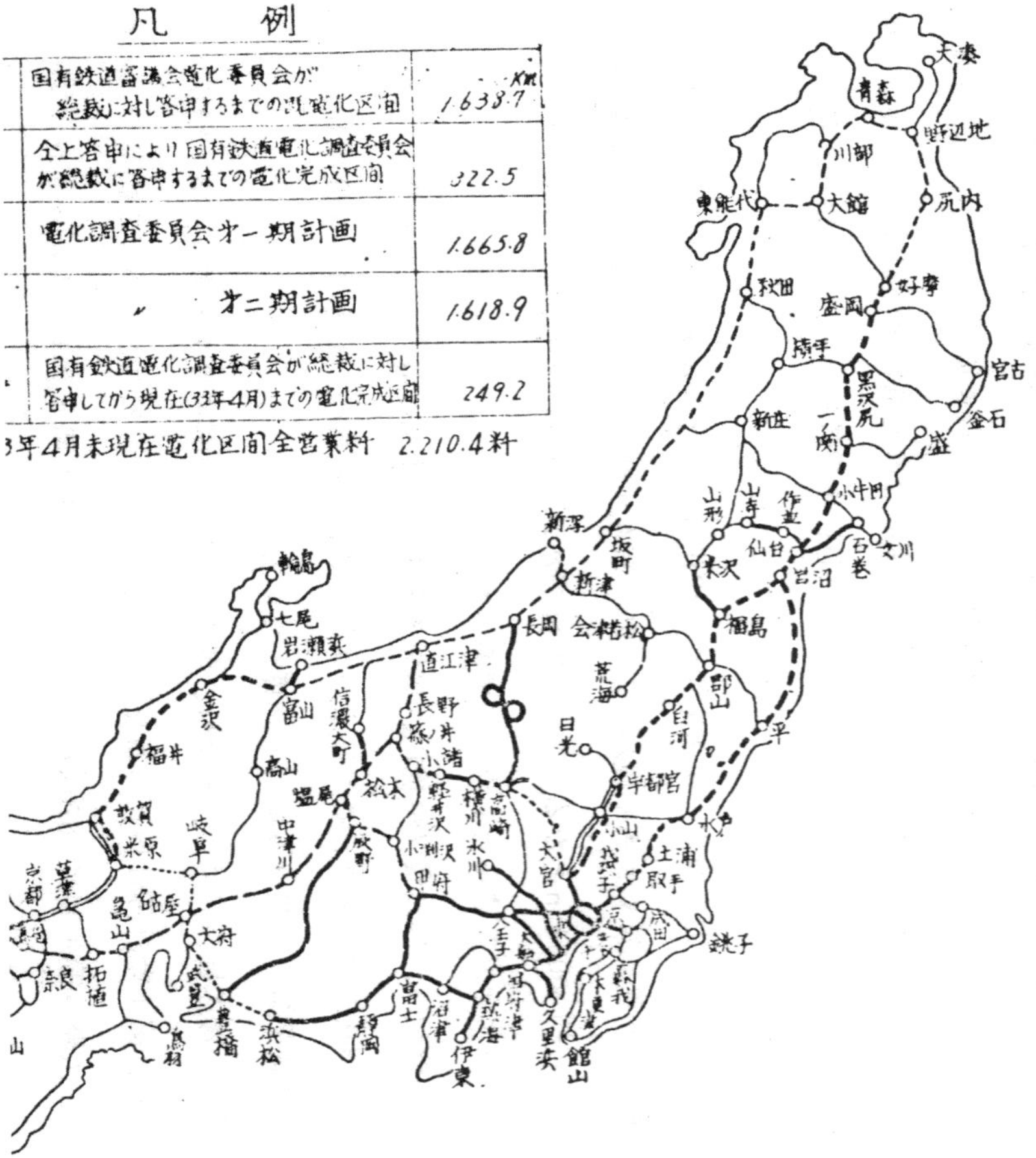

所蔵：福原俊一

電化調査委員会の第１期計画、第２期計画で主要幹線3300キロを電化する旨が示されている

主要幹線3300キロの電化計画

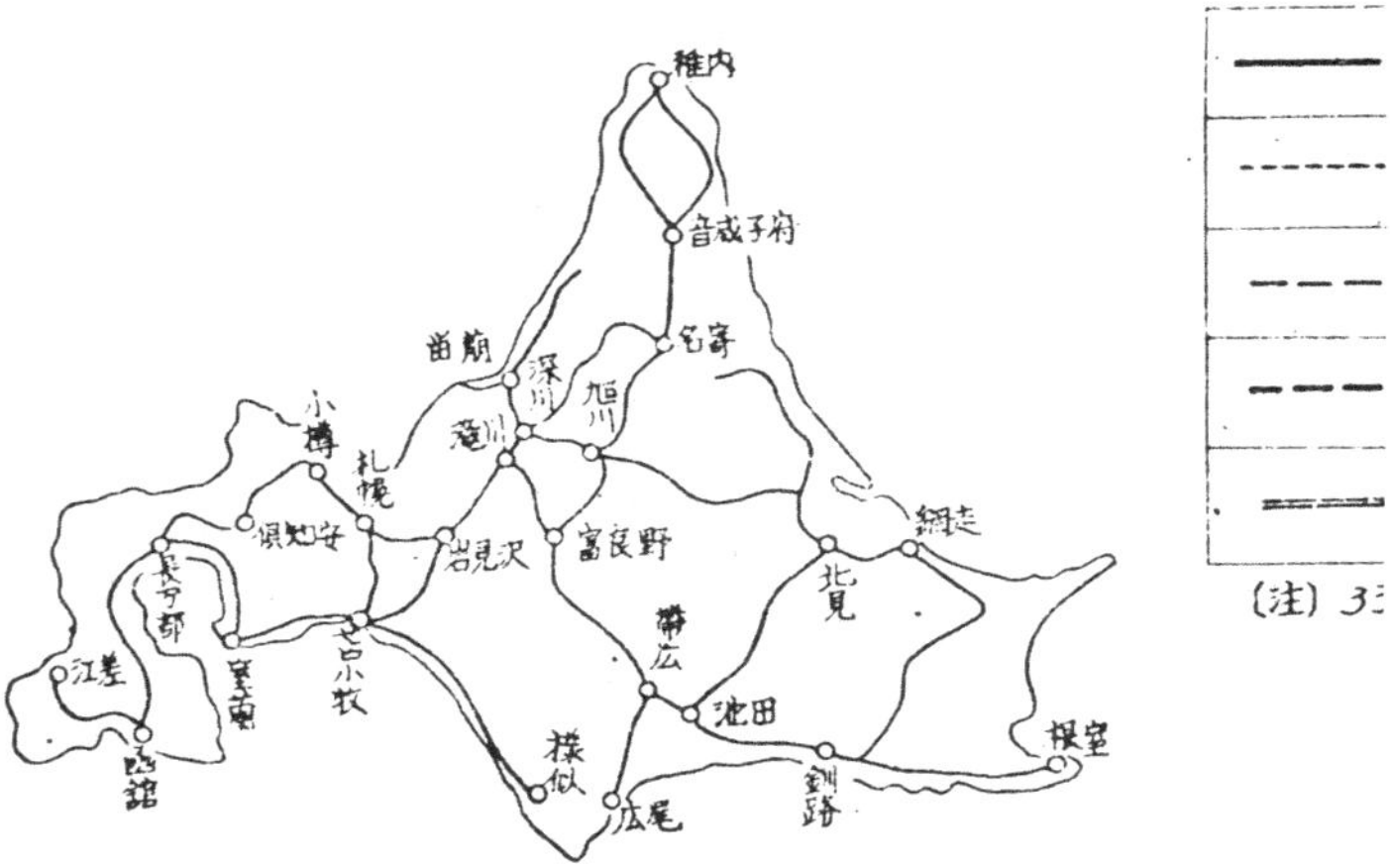

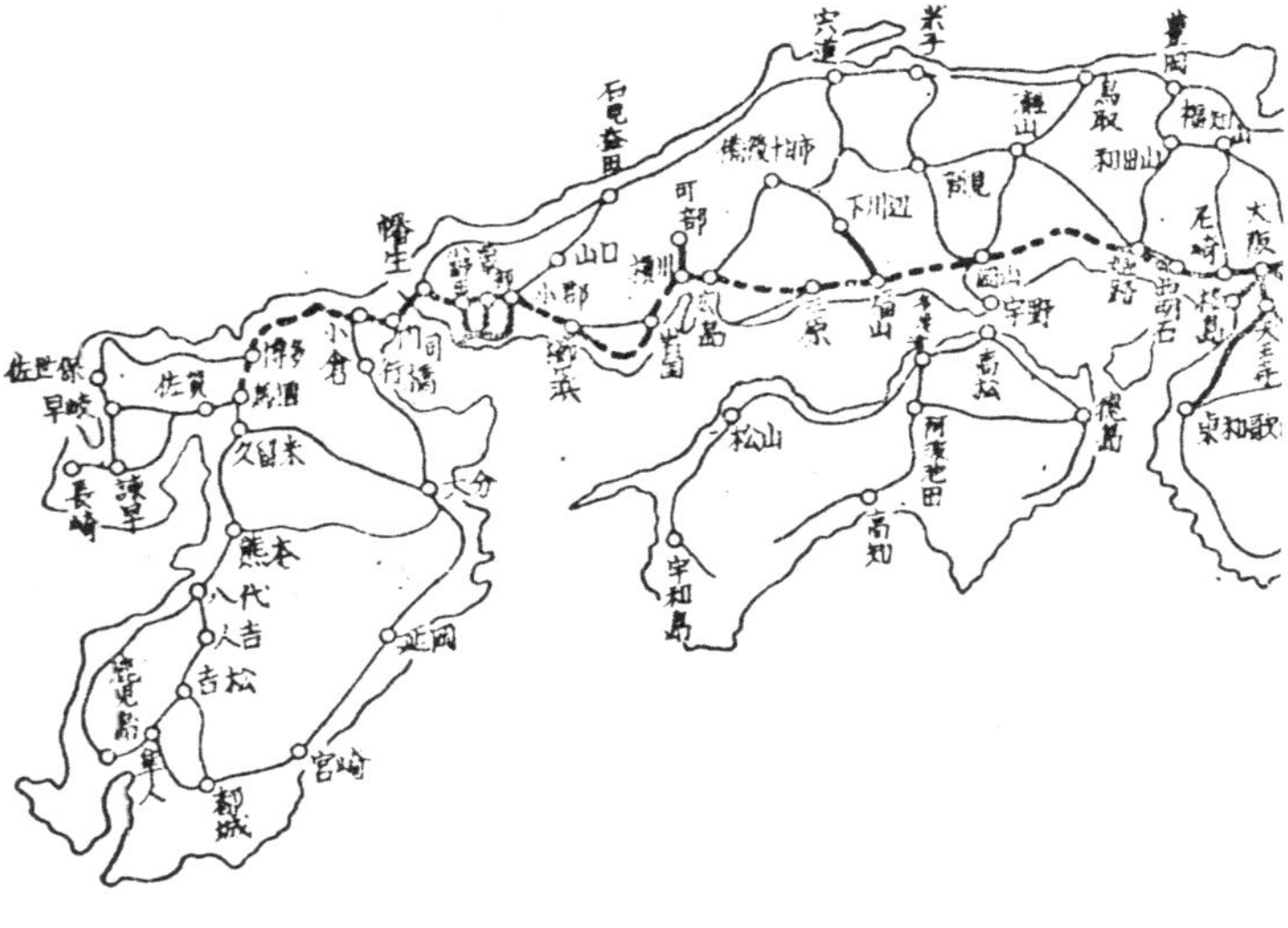

関車を全廃することでその代替となる車両が必要となるがその車両は電化か非電化か、また動力集中方式か動力分散方式かで大きく4種類に分類された。

まず、電化された路線についてすでに電化された幹線でこれまで使っていたのは先頭の機関車が客車を引っ張る動力集中式の電気機関車牽引列車である。

一方、都市部で使われていたのは複数の車両にモーターを搭載して列車を動かす、動力分散方式の電車列車であった。

動力近代化調査委員会では電車と電気機関車のどちらが経済的に有利かの比較を実施した。その結果、電車列車は電気機関車牽引列車と比べると投資額・経費とも若干不利という結論が出た。委員会が電気機関車式に傾きかけた昭和33年、電車列車151系こだま形が誕生した。

それまでは、電車といえば騒音が大きくて乗心地が

伝説＋α▶ 直流電化と交流電化のメリット、デメリット

鉄道の電化区間の電気方式は大きく直流と交流に分かれている。直流電化では沿線に設置された変電所で高圧の交流を1,500Vに降圧後、直流に整流（変換）して架線に送電する。送電ロスが大きいため変電所の間隔が5～10kmと短く、多数の変電所が必要なので地上設備コストが高い。その代わり車両コストを抑えることができるので、運行本数が多い大都市の通勤路線や幹線に向いている。

交流電化は変電所で電圧を20,000V程度に降圧して架線に送電するため、変電所間隔を50～100kmと長くすることができて地上設備コストは下げられる。ただし、車両側に変圧器や電力変換装置を搭載する必要があり、車両の製造コストが高価になる。そのため、車両の大量投入には不利。しかし動力システムの電圧を上げて高出力化が可能なので、新幹線は交流電化を採用している。

悪いというのが一般的な評価だったが、こだま形は、そんな従来の電車列車に対するイメージを一掃。加えて東京－大阪を日帰りで運行するなど高速性・機動性を実証したことが大きな決め手となって、委員会では総合的に勘案して、電気機関車牽引列車より電車列車が有利と結論づけた。

一方、非電化区間については動力分散方式のディーゼル動車の開発が進んでおり、昭和31年に開発されたキハ55系準急「日光」などにより、機関車牽引特急列車より高速運転できる性能がすでに実証されていた。そのため、動力近代化調査委員会では蒸気機関車を全廃するにあたって旅客列車は動力分散方式の推進を押し進める方針を打ち出した。これを待ちかねたように、昭和36年、急行形のディーゼル動車のキハ58系と特急形のキハ82系がデビューした。

さらに同年、交流電化区間と直流電化区間の両方を

401系・421系

写真：福原俊一

交流・直流、どちらの電化区間も走ることができた

走ることのできる「交直流電車」401系・421系もデビュー。動力近代化の幕開けを告げるように、全国で動力分散方式の近代化車両が颯爽と運転を開始した。ただし、貨物列車や夜行旅客列車などを牽引するために、依然として機関車は必要な存在であった。

そのため、電気やディーゼルを動力とする機関車の開発も必要不可欠な要素だった。

昭和32年、仙山線の交流電化試験で生まれたED－45 1をベースにした、量産型となる交流電気機関車ED70が誕生。その技術を応用して作られた直流電気機関車EF60が昭和35年に開発され、電化の伸展に応じる体制はすでに整っていた。

パワーと軽さを併せ持つディーゼル機関車の開発

動力近代化の最後の課題として残ったのが、非電化区間用のディーゼル機関車だった。当時のディーゼル機関車は本線を走るDF50と操車場で入れ換えなどを行うDD13の2形式が主力だった。昭和32年に開発されたDF50は蒸気機関車を使わない「煙のない旅」に大きく貢献していたが、一両の製作費が高い上にパワーも不足しており、大型蒸気機関車の置き替えをするには重連運転をしなくてはならないためこれでは経済的に成り立たない。

動力近代化調査委員会は、最終的に「ディーゼル機関車は動輪周出力1200・800・500馬力の3種類で蒸気機関車を置替える」と答申した。

この中でも、長大編成の旅客列車や貨物列車を牽引するため最も大きいパワーを必要とするのが、本線用のディーゼル機関車である。

動輪周出力というのは、実際の牽引に活用される出力のことだ。ディーゼル機関車は動力を車輪に伝達するときのロスが大きいため、動輪周出力1200馬力を実現するためには2000馬力級の機関車を開発しなくてはならなかった。日本の鉄道は狭軌の上、線路の規格が諸外国に比べて弱く、軸重は14トン以下に押さえなくてはならないため、軽量化も考慮しなければならない。

これらの実現は非常に高い水準の性能が必要であり、当時としては世界最高クラスの要求レベルだった。国鉄の車両設計事務所・動力車グループは、このレベルの高い要求にどう応えるか議論を重ね、国鉄独自のエンジンと新型トルクコンバーターを開発することが決まった。

心臓部となる大型エンジンは、さまざまな案が検討された。2000馬力級の機関車を完成させるには、1車両に2基搭載するとしても1000馬力のエンジンを開発しなければならない。そこで、実績のあるDD13の6気筒エンジンをベースに開発を進めることにした。

デビュー時より圧縮比を上げるなどして、500馬力にパワーアップされていたDD13のエンジンをさらに1000馬力にするため、開発陣は連日検討を続けた。

「6気筒エンジンのシリンダーをV字形に組めば倍の12気筒になり1000馬力が得られる」

このアイデアを採用することとなり、ついに新型エンジンDML61Sの試作が完成した。

しかし、そのエンジンよりもさらに難関なのが液体変速機のトルクコンバーターであった。エンジンのパワーが2倍になるのに合わせて、こちらも新しく開発する必要があったのだ。

当時、大型トルクコンバーターを開発していたのは西ドイツのみであった。その技術を参考にしながら苦労の末に、新しいトルクコンバーターDW2形試作機を完成させた。

さらに、これらの試作エンジンと試作トルクコンバーターに改良を加えて、動力近代化完成に向けた最後のピースとなる大型のディーゼル機関車が、いよいよ完成の運びとなった。

こうして、昭和37年3月、ハイパワーのディーゼル機関車DD51試作機が完成した。

それまで「本線用機関車は箱形」というのが常識だったが、DD51ではそれを覆し、従来入れ換え用の機

伝説＋α ▶ 立場が逆転した電気式と液体式

ディーゼル車にはエンジンで発電した電力でモーターを回す電気式と、エンジンの出力を液体変速機を使って車輪に伝達する液体式がある。初期の電気式ディーゼル機関車DF50は発電出力が小さくて非力で、しかも重いという欠点があったため、軽量で出力に勝る液体式ディーゼル機関車のDD51に軍配が挙がった。

現在は、エンジンの改良とVVVFインバータ制御の実用化によって、高出力の電気式ディーゼル機関車DF200が登場。一方で油脂類を多用する液体式ディーゼル機関車は出力アップに限界があり、環境性能面でも不利となって完全に主役の座を明け渡した。

余談だが、DF200の出力はDD51の約1.5倍、DF50の出力はDF200の台車ひとつ分にも満たないほど低出力で、鉄道技術の進化で最適な動力方式も変わるという好例となった。

関車などに使われていたセンターキャブ方式、すなわち新型エンジンとトルクコンバーターを前後に搭載し、中央の運転室が出っ張った形状を採用した。これは軽量化とコストダウンを考えてのデザインだったが、運転室からの前後の見通しもよく画期的なアイデアだった。

ＤＤ51は仙台―青森間を無給油往復ロングランができ、当時は非電化だった東北本線などの大形蒸気機関車に置き替えられる優れた性能を持っていた。試作機の実績に基づいて、改良を施した2次車が昭和38年に完成し、Ｄ51に交替を告げる見通しが、ようやく立ったのである。

さらに、ディーゼル機関車はぶどう色だったが、ＤＤ51はもっと明るい色にしようという意見が出され、技師長の島秀雄が提案したオレンジ色のいでたちとなり、以後のディーゼル機関車の標準色となった。

開発当初はトラブルも発生したが、ほどなく安定。全国の幹線に量産機が投入されていった。

蒸気機関車の引退

ＤＤ51の完成後、そのエンジンをベースにローカル線の列車牽引や入れ換えのための機関車ＤＥ10が昭和41年に開発される。ほぼ同型で重入れ換え専用のＤＥ11とともに全国に投入されていった。

そしてローカル線用の小型ディーゼル機関車として、８００馬力のＤＤ16が昭和46年に誕生。最後のピースとなるディーゼル機関車がついに出そろった。動力近代化調査委員会が最初に定めた計画完

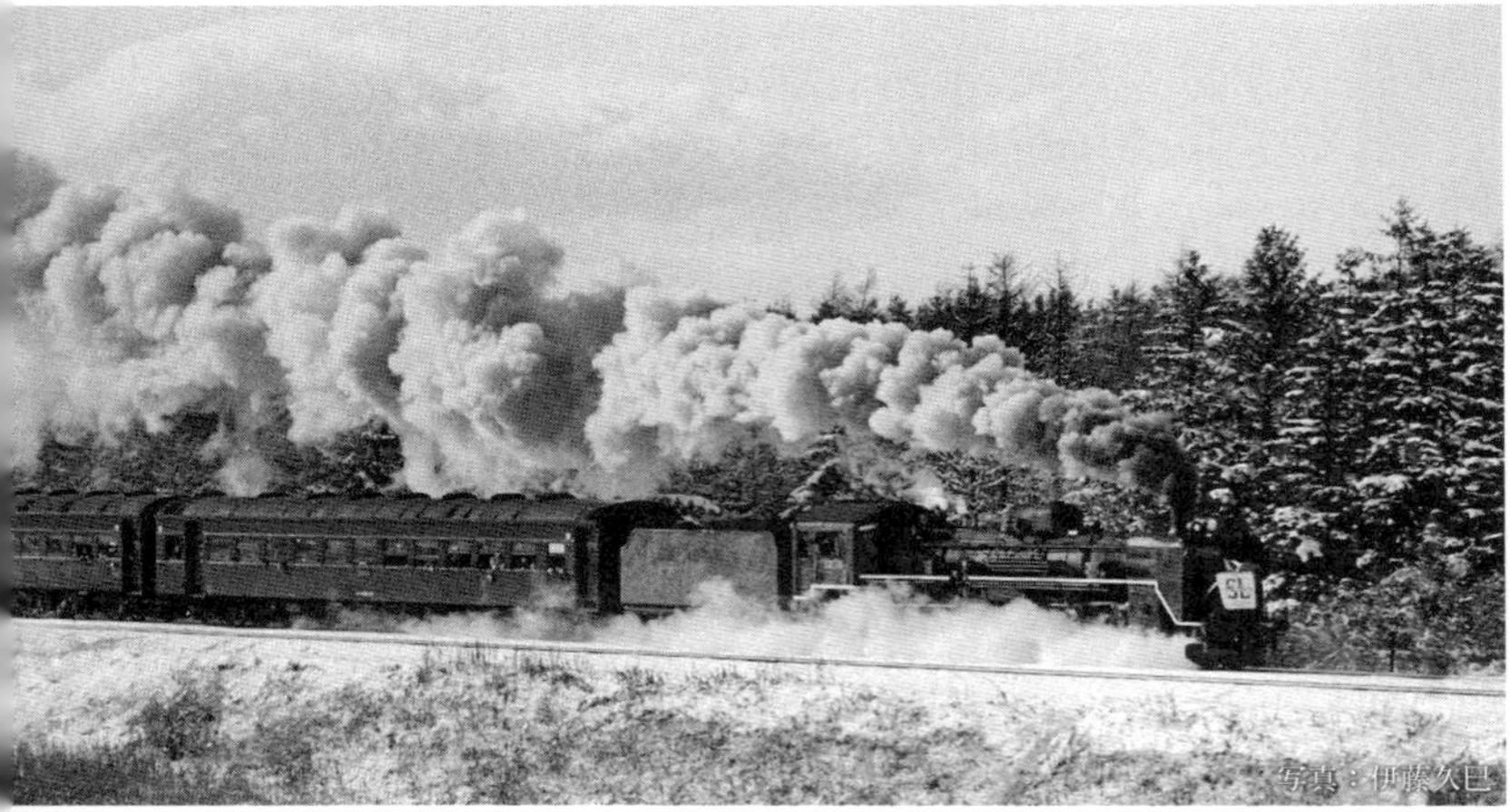

了のタイムリミット、昭和50年に向けて蒸気機関車の淘汰は順調に、急速に進んでいった。

昭和40年代後半から各地で蒸気機関車の「さよなら運転」が行われ、長い間親しまれてきたＳＬが地元住民に別れを告げていった。

昭和50年3月、山陽新幹線が博多まで開業する。それから9カ月後の12月14日、北海道の室蘭本線、室蘭—岩見沢間を、Ｃ57による最後の蒸気機関車牽引列車が運行。翌年3月には入れ換え用からも蒸気機関車は姿を消した。

晩年はＳＬの愛称で呼ばれて親しまれ、鉄道の発展に尽くした偉大な功労者・蒸気機関車が引退したこの年は、動力近代化の完了を告げる区切りの年となった。このような大プロジェクトで、当初の計画と実績が一致した例は珍しいといえるだろう。

しかし、この計画はスケジュール通りに蒸気機関

最後の蒸気機関車牽引列車

昭和40年代から蒸気機関車は淘汰されていった

車を全廃することが目的だったのではない。あくまでも輸送方式の近代化を策定することがその本質であり、本来の目的は、国鉄全体が一丸となって国鉄そのものを近代化することであった。

実際に、無煙化が実現し、「カラス列車」は過去のものになった。全車両の走った距離の合計を表す列車キロや全列車の速度はともに向上、スピードアップなどの効果で乗客に多大なメリットをもたらす。さらに動力費の大幅な節減などにより、経営面も改善された。

計画の実現過程において、国鉄はさまざまな新しい技術を発展させた。そして数々の優秀な電車や気動車、機関車、さらには新幹線までもが国産の技術によって生み出されていった。

国鉄の「動力近代化計画」によって、日本は世界有数の鉄道王国へと飛躍を遂げたのである。

動力近代化の嚆矢となった「DD51」

写真：片山康毅

◉動力近代化計画　**年　表**

昭和30年	十河信二が国鉄総裁に就任、島秀雄が技師長として国鉄復帰
昭和33年	動力近代化調査委員会が設置、151形「こだま」が投入開始
昭和36年	「キハ58系」「キハ82系」「401系・421系」が投入開始
昭和37年	「DD51試作機」が完成
昭和41年	「ED10」の投入開始
昭和46年	「DD16」が投入開始
昭和51年	蒸気機関車が完全引退

Episode 07

鉄道伝説

500系新幹線

営業運転・時速300キロへの挑戦

世界に誇れる日本の新幹線。しかし航空機という強力なライバルと戦うためにスピードアップは至上命題で、JR各社は独自の新幹線電車の開発に取り組んだ。中でも航空機とのシェア争いが熾烈だったJR西日本は山陽新幹線で、当時国内最速となる300km/h運転を行うための新幹線電車の開発に取り組み、500系をデビューさせた。

写真：©Tennen-Gas 2009

SPEC

形式：500系／登場年：平成8年／営業最高速度：300km/h（登場時）・285km/h（現在）／主電動機：WMT204形（275kW・先行車は285kW）／駆動方式：WN継手式平行カルダン駆動／歯車比：2.79／台車：ボルスタレス空気バネ台車／ブレーキ方式：回生ブレーキ併用電気指令式空気ブレーキ

Introduction

現在も一部区間で運用される「500系」。
特徴的な形状や色から、人気を博している

日本初の300km/h運転を実現した革命児

未来から現れた車両

平成9年11月29日、500系新幹線が初めて東京駅に乗り入れた。超高速旅客機と見まごうばかりに突き出したフロントノーズ、シルバーグレーにブルーラインのボディ。白い車体にブルーラインが定番だったそれまでの東海道新幹線に突如、未来から現れたような車両は、瞬く間に鉄道ファン以外の多くの人々をも魅了した。

歴代新幹線の中で、異端児とも言われる500系新幹線。その美しすぎるスタイルは、新幹線の高速化をとことん追求した努力の賜物だった。

昭和39年の初代新幹線・0系デビューにより、それまで6時間30分を要していた東京―大阪間が時速210キロで結ばれ、所要時間も3時間10分と、一気に短縮された。しかし、その後の100系登場まで、国鉄の資金不足などの理由により、長きにわたり新型車両の開発は行われなかった。

そんな状況は、国鉄の分割民営化により一変した。分社化されたJR各社は、すぐに自分たちの生き残る道、そして、独自のサービスの向上を模索し始めた。

国鉄時代とは違った、独自の編成や車両開発が可能となっていたJR各社の中で、東日本・東海・西日本の3社は、売り上げで大きな比率を占める新幹線のサービス向上に力を入れていた。JR西日本の新幹線計画では、新大阪―博多間を結ぶ山陽新幹線区間で、より高いパフォーマンスを発揮でき

500系新幹線の始発式

写真：JR西日本

時速300キロを達成し、大いに注目された

ることが求められていた。

新幹線はＪＲ西日本の収入の4割を占めていた。新大阪—博多間の航空機との競争の中で、新幹線を何とかいいものにしたい……。その思いが結実したのが「５００系新幹線」だった。５００系は日本で初めて「時速３００キロの営業運転」を実現し、後世に名を残す新幹線となる。

ＪＲ西日本の管区である「山陽新幹線」の開業は、国鉄時代までさかのぼる。昭和47年の新大阪—岡山間に続いて昭和50年、岡山—博多間が開通し、全線が開業した。昭和62年、国鉄の分割民営化に伴い、その後はＪＲ西日本が運営を引き継ぐことになった。

営業エリアに過疎地が多いＪＲ西日本は、発足当初から不採算路線を数多く抱えていた。加えて、国鉄時代の新幹線運用は東京重視。新大阪—博多間で、大阪を早い時間に出る便などなかった。

「国鉄時代のやり方では、わが社に利益はもたらさない！」
「東京中心のダイヤから、西日本のことを考えた運用に見直すべきだ！」
「山陽新幹線の改善こそ最優先の解決課題である！」
新生・ＪＲ西日本の社員は皆、そう思っていた。

航空機との戦い

ＪＲ西日本は新幹線計画の第一歩として、既存車両を使ってのサービス向上に着手した。

まず、大阪を起点とした新しい新幹線ダイヤを設定。昭和63年3月のダイヤ改正で投入された、０系改良車「ウエストひかり」がその車両であった。

「ウエストひかり」は、航空機の飛ばない早朝・深夜に大阪を出発できるダイヤ設定が好評を博した。地元のニーズに応えたサービスが、１つ誕生した。

また「ウエストひかり」が投入されてまもなく、一部の列車に大胆な改装車両も組み込んだ。映像サービスを提供する映画館をイメージした「シネマカー」。50インチのスクリーンで封切り間もない映画を観賞することができた。

こうしたＪＲ西日本独自のアイデアに加え、平成元年3月には、当時運用していた１００系を改良。時速２３０キロに高速化した「グランドひかり」も投入した。それまで2時間59分で結んでいた新大阪―博多間を、10分短縮して2時間49分で結ぶことができるようになった。

これらのさまざまな努力は、大きな注目を集めたが、新生・JR西日本を強くアピールする上では不十分だった。山陽新幹線ならではの特長をもっと活かした方法で存在感を示す必要があった。

山岳地帯の多い西日本エリアは、主要都市間を結ぶ高速道路や空港の整備が進んでいて、鉄道以外の交通機関との競争が激しかった。とくに新大阪―博多間では航空便の大増発が続いていた。

伊丹空港・福岡空港ともに市街地に近く、新幹線は所要時間で明らかに劣勢。航空機では、2つの空港間を1時間10分～15分で移動することができた。空港までの移動時間、チェックインまでの待ち時間などが加算されるとはいえ、この移動時間の差を詰めることが最大の課題であった。

「ウエストひかり」のシネマカー

航空機を意識して、映像サービスが提供された

航空機への対抗手段として、新幹線のより一層の高速化が、強く求められていた。

じつは、大阪―博多間を結ぶ山陽新幹線区間は、より早く走るためのインフラとしての整備をすでに整えていた。

昭和30年代に作られた東海道新幹線は、カーブも多く、最も急なカーブが半径2500メートル、このカーブを曲がるには時速270キロ運転が限界であった。一方、後年に作られた山陽新幹線は、半径4000メートルという緩やかなカーブで作られており、トンネル工法などの進化もあって、東海道新幹線よりも直線区間は多かった。新幹線のさらなるスピードアップを可能にする下地は整っていた。

そこでJR西日本は、既存の新幹線を改良して270キロ営業運転を実現する計画を立てた。

それは100系改良車「グランドひかり」による、時

伝説＋α▶ アルミハニカムパネルの車体は500系が唯一

500系の車体軽量化と高剛性化のカギとなったアルミハニカム構造の車体は、新幹線の試作車やリニアモーターカーの試作車に採用されたことがあり、最高速度581km/hでの性能も実証している。しかし、営業用車両に採用されたのは後にも先にも500系だけだ。

その理由はアルミハニカムパネルの車体は非常に高価だったからだ。アルミハニカムパネルはハニカムコアを2枚のアルミ板でサンドウィッチし、真空炉で過熱して製造する。そのため、パネルの製造と車体の組立に手間とコストがかかり、1両当たり約3億2000万円もかかった。現在は車体長分のアルミ中空板材を押出成形したアルミダブルスキン構造が普及し、700系の場合1両当たり約2億5000万円で製造することができる。高性能化とコスト抑制の両立が鉄道車両の宿命でもあった。

速230キロ運転から時速270キロ運転へのスピードアップ。もともと100系改良車は「グランドひかり」に改良した時点で、時速270キロを出せる性能を持っていた。スピードを上げること自体は理論上、不可能なことではなかった。

2つの騒音問題

平成元年と翌2年、JR西日本は100系改良車を使って走行試験を行う。しかし時速270キロに近づくにつれ、予想外の大きな問題が発生してしまった。それは2つの騒音問題だった。

1つは「沿線騒音」の問題。新幹線の騒音基準値は75デシベル以下。これをオーバーしてしまった。もう1つは「トンネル微気圧波」の問題。高速でトンネルに突入する際、トンネル内の空気が急激に圧縮され押し出されるため、反対側の出口で「ドーン」という大きな音がする現象。今までの時速230キロ程度までは問題なかったが、270キロを超えたあたりから、予想以上に大きな音となってしまった。

山陽新幹線には142カ所ものトンネルがあり、全区間の51％がトンネル区間である。「トンネル微気圧波」による爆発音も、頻繁に起こる見過ごせない問題となった。未知の高速領域を目指すことはすなわち、空気抵抗との戦いの連続に他ならなかった。JR西日本は走行試験をくり返したが、解決の糸口はつかめないままだった。

そんな折、ＪＲ東海が独自開発した新幹線・３００系が一足先にデビューした。３００系は車体の大幅な軽量化に成功したことで、時速２７０キロでの営業運転を可能にし、東京─大阪間を2時間30分まで短縮した。これは新幹線開業以来、「第二の革命」とまで言われた。

ＪＲ西日本の新幹線計画は完全に行きづまってしまった。既存車両によるサービス向上は限界があるということを示されたようなものであった。根本的に車両をつくりかえる、今までにないまったく新しい車両を作る必要がある……。

ここにいたり、ＪＲ西日本は、大きく方針転換をする。既存の車両でのスピードアップはあきらめ、ゼロからの車両開発、すなわちＪＲ西日本独自の次世代新幹線を開発することを決断したのだ。

不可能を可能とする試験専用車両

平成2年、技術開発推進部を主体とした、ＪＲ西日本の５００系新幹線開発プロジェクトが始動した。次世代新幹線は、まず試験専用車両から得たデータをもとにブラッシュアップして作られることが決まった。

山陽新幹線区間で出せる最高速度は、理論上３５０キロ。試験車両はそれを目指して設計し、そこから実際の営業運転へと落とし込むことになった。営業運転は、時速３００キロを目標とする。新大阪─博多間を2時間19分ならば航空機と十分勝負できると、ＪＲ西日本は読んだのだ。

当時、グランドひかりが博多まで2時間49分。それと比べても大いに魅力的な数字であった。

時速300キロの営業運転——当初は230キロから270キロへ、40キロのスピードアップを目指していたJR西日本。しかし新たに引き上げられた目標は、「現状よりも70キロのスピードアップ」、だれもが無謀だと思った不可能を可能とするための試験専用車両が、WIN350であった。

JR西日本の新幹線車両基地となっている博多総合車両所に平成4年、「試験実施部」が設置された。各部門の精鋭スタッフが、JR西日本の各所より結集した。

時を同じくして、試験専用車両「WIN350」も完成した。500系900番台、通称「WIN350」。その名前には、世界最速の時速350キロを勝ち取るという決意も込められていた。

WIN350の試験運転士に選ばれたのは、大阪・

「WIN350」の開発チーム

JR西日本の各所から、選りすぐりのスタッフが集まった

博多・広島の各所から選ばれた6人だった。

パンタグラフの課題

平成4年6月8日。時速350キロ運転対応に整備した小郡《おごおり》（現新山口）駅と新下関駅間、距離にして、およそ50キロの区間で高速試験が始まった。

WIN350の走行試験は、営業終了後の深夜に行われた。開発スタッフは、100系改良車では克服できなかった問題に取り組んでいた。

問題の1つが「沿線騒音」。在来線のスピード程度なら何ら問題とならないパンタグラフの「風切音」が、時速200キロを超える新幹線では大きな騒音問題となってしまう。

また、「高速集電」という問題も同時に発生していた。あまり速度を上げるとパンタグラフが架線から頻繁に離れ、電気を集めにくくなってしまうのだ。その際に

伝説＋α▶ スペック以上に高性能だった500系

最高速度300km/hで運転していた500系だが、じつは先行車の設計最高速度は320km/hだったため、最高速度300km/hでの走行性能に余裕があり、量産車では主電動機の出力を先行車よりも10kW落とした275kWとしている。

また、500系の起動加速度は1.6km/h/sで、これは300系と同等で700系やN700系よりもスペック上では劣るものだったが、500系は12両編成に減車して編成抵抗が増えた時の加速余力を考慮して起動加速度1.9km/h/sまでの余裕があった。そのため、実際の加速度を測定するとスペック以上の加速をしていることが確認されている。さらに、最高速度も理論上は400km/hも不可能ではない空力性能を持っていたと言われる。公式では謳われない高い潜在能力を秘めていたのが500系なのである。

発生する「スパーク音」も騒音となった。

パンタグラフの「騒音の問題」と「集電の問題」。営業運転・時速300キロという未知の領域を目指す上で、この2つが大きな問題となった。

「当初は、パンタグラフを覆って音を漏らさない形がいい」

「しかし覆いをつけるとものすごく大きくなって重量的にも損、覆い自体からの音が大きい」

「パンタ自体を音の出ないものにする必要があるんじゃないか……」

この結果、さまざまな形のパンタグラフが実際に作られ、試験実施部は何度も試験をくり返した。

もう1つの問題は、「トンネル微気圧波」対策だ。

「トンネルの中央で（対向車が）すれちがったらどうなるか、どういう空気の流れができて、出口でどういった影響を与えるか……」

試験運転士たちは週3日、1日2往復の走行試験をこなし、データを取り続けていた。しかし、気圧の問題や騒音問題の解決にはまだ多くの時間を要した。一方、スピード向上試験は順調に進んでいた。8月6日には時速345・8キロを記録。そして、2日後の8月8日。

「ほぼスピードメーターを見ていた、何キロまで出るのか……」

「ほぼ350キロ近く出る付近で、カーブで横のG（遠心力）がかかる、不安ではないが、いつもとは違う」

午前1時11分、試験運転士は、同区間で当時国内最高の350・4キロ運転を記録した。ついにWIN350は、1つの目標を達成することができた。

ただしこの結果は、ある程度予測されていた。WIN350は理論上、380キロ以上で走れるように設計がなされていたからだ。一番大事な騒音問題が解決しない限り、スピードを上げることは不可能である。音の出ないパンタグラフの開発、空気抵抗の減少、車体の軽量化など、まだまだ多くの問題を解決しなくてはならなかった。

500系誕生まで、これからが本当の闘いだった。

「音の出ないパンタグラフ」の開発

スピードアップの大きなカギは、騒音対策に絞られていた。新幹線の騒音は、75デシベル以下に抑えることが国によって定められていた。しかしWIN350の走行試験では、大幅に基準値を超えてしまっていた。

「音の出ない静かなパンタグラフを開発しなくては……」

開発スタッフは解決の糸口を探し続けていた。

JR西日本をはじめとした各社が車両の高速化を目指していた当時、国鉄時代から続いていた研究機関・鉄道総合技術研究所が、パンタグラフに関して1つの見解を発表していた。

パンタグラフの取り付け作業

さまざまな翼型パンタグラフを試す実験が行われた

「断面形状が翼のようなパンタグラフであれば、発生する騒音は小さい」

従来のパンタグラフは、ひし形の枠組みの上に架線と接触する舟体《ふなたい》が載る形状だった。ひし形の枠組みは構造も複雑で気流が乱れるため、どうしても発生音が大きくなる。

音の出ないパンタグラフを求めていたＪＲ西日本は、この考えに着目した。さっそく開発スタッフは、さまざまな形の翼型パンタグラフを使って、試験をくり返した。

その過程で、まずパンタグラフの起動方法を今までのバネ式から空気圧での上昇方式に変更した。この方式にしたのは、高速化によってパンタグラフが架線から離れる現象を抑え、スパーク音を減らすためだ。

そして、３００キロを超える高速領域での、安定した集電効果も同時に見込まれた。パンタグラフの耐久性も考え直さなければならなかった。1日2000キロ以上も走る新幹線において、パンタグラフを支える部分は、長時間走行に耐える、極めて耐久性の高いものでなければならなかった。未知の高速領域に入るのだから、なおさらのことだ。

そこで開発スタッフが思いついたのは、自動車のサスペンション技術。これをパンタグラフの支持部に生かすことにした。

パンタグラフの開発と同時に進んでいたのが、パンタグラフカバーの開発だった。開発スタッフが最初に考えていたのは、300系と同じ大型のカバー。パンタグラフから碍子《がいし》まで、すべてを覆う形状のものであった。しかし、パンタグラフの風切音は減らせたが、逆に、カバーから発生する音が大きくなってしまった。

また車体断面積が大きくなり、トンネル微気圧波の影響面でも現状より悪化してしまった。パンタグラフカバーの解決も、やはりパンタグラフの形状をどうするかにかかっていた。パンタグラフの選択に悩んでいた開発スタッフの施行錯誤は、そのままカバーの選択にも影響していた。

だが、翼型パンタグラフに実用化のメドが立ったことで、状況は一転。パンタグラフカバーの必要性が薄れ、碍子だけを覆う、一回り小さい「碍子カバー」を採用する方針に変更することができた。翼型パンタグラフと碍子カバーの組み合わせで、騒音は減少した。それでも国の環境基準値となる75デシベル以下に抑えることはできなかった。

あと一歩、何かが足りない。開発スタッフは必死に考えをめぐらせていた。

フクロウの羽がヒントに

そもそも風切り音は、空気の流れの中にできる渦によって発生する。ひし形よりも構造がシンプルになったとはいえ、翼型でも支柱部分に渦ができることには変わりなかった。渦が大きければ、風切り音も大きくなる。やはり支柱部分の渦も小さくしなくてはならない。時間ばかりが過ぎる中、開発スタッフはもがいていた。

そんな折、WIN350開発にあたり設置した「空力問題検討委員会」のメンバーの何気ない一言が、問題解決の糸口になった。

「フクロウは鳥のなかで一番静かに飛ぶ……」

「フクロウと鳩やキジでは一体何が違うのか？」

それぞれの羽をくわしく調べたところ、理由が判明した。フクロウの羽のうち、外側の2―3枚目にトゲのようなギザギザがあり、これが小さな渦を作り大きな渦が発生するのを防いでいたのだ。

「この原理を応用すれば何とかなる！」

今度こそ、成功する――開発スタッフは大きな手応えを感じた。開発スタッフはパンタグラフの支柱部両面に、ギザギザの小さな突起物を32個ずつ、計64個を配置した。これがフクロウの羽と同じ、音の減少効果を生み出した。そしてなかなか克服できなかった、「75デシベル」という厳しい基準値を、見事にクリアすることができた。

次世代新幹線に載せる翼型パンタグラフは、フクロウの羽をヒントにして、ついに完成した。開発スタッフは、時速300キロの営業運転を目指す上での、1つの大きなハードルを乗り越えたのだ。4年の歳月をかけた、WIN350の走行試験。35万キロにもおよぶ走行データは、500系へと引き継がれた。

傾斜角は何度か

WIN350は、開発としてはある程度成果が出た。今度は営業車をつくるためのブラッシュアップを……。しかし、WIN350では結局解決できなかった問題が残っていた。それは「トンネル微気圧波」の影響を受ける、車両の先頭形状の問題であった。

WIN350では空気抵抗を減らすため、従来の新幹線よりも傾斜を強めた先頭車両を2種類用意して、高速走行試験に臨んでいたが、どちらも満足のいく数値は出せなかった。

形状の問題は、次世代新幹線の車両製造時に持ち越された。

トンネル突入時の微気圧波を減らすには、車体の断面積を小さくすることと、先頭車両の「断面積変化率を一定にする」もしくは「断面積を徐々に上げていく」こと、この2つのバランスが決め手だった。

開発スタッフは最も効率の良い数値を求めて、何回も計算をくり返した。そして、そのデータを鉄道総合技術研究所へ持ち込み試験を依頼した。その結果、時速300キロでトンネルに突入するためには、先頭形状をジェット機のようなロングノーズにする必要があることがわかった。

さらにJR西日本は、航空宇宙技術研究所のシミュレーションプログラムをも応用し、トンネル微気圧波を低減させる先頭車両の設計に役立てた。先頭車両の形状が固まると、今度は運転席の前方視界の問題が持ち上がった。

前が見れた上で、しかも断面積変化率を一定にするという形状で工夫。そこからできたのがキャノピー形状——飛行機などの操縦席を覆う、卵の殻のような丸みを帯びた形状の前面ガラスのことだ。

「WIN350」の先頭車両

ジェット機のようなロングノーズの形状だ

開発スタッフは空気抵抗を減らすため、ロングノーズの先頭車両にキャノピー形状の前面ガラスを取り付け、運転席の視界を確保することにした。

しかし、前面ガラスをあまりに傾けると運転席からの視界のゆがみがひどくなる。かといって前面ガラスを立て過ぎるとまた空気抵抗が増え、逆戻りとなってしまう。

「空気抵抗を抑え、かつ安全な視界を確保できるキャノピーの傾斜角とは、一体何度なのか?」

開発スタッフはいくつものモックアップを作成し、試行錯誤の末、傾斜角をはじきだした。

「傾斜角21度までなら見える!」

さらに運転台の位置も変更した。今までの新幹線の運転台は中心より左側にあった。500系からは運転席をほぼ中央に持ってきた。ほぼ中央に置くことで、高速運転時の前方視界をより見やすくする形を採用したのだ。

新しい試みを、次々と取り入れて誕生した500系。その先頭車両は、全長27メートルのうち15メートルをロングノーズが占めていた。車体断面積を小さくすることは、トンネル微気圧波を低減させるのにどうしても必要な作業であった。500系は断面積を少しでも削るため、車体の四隅を切って円筒形にした。それでも車内スペースは、当時最速の300系とほぼ同じ大きさを保つことができた。

またボディマウント方式を採用し、床下機器部分もカバーで覆い、限りなく円筒形に近づけた。これで空気抵抗を減らすことができた。

「500系」の実験開発風景

実験がくり返された

そして、今までの新幹線との大きな違いは、アルミハニカム構造を採用したこと。この構造は、軽量化と高い剛性を両立させた。

その他、機器類の軽量化なども合わせ、500系は編成全体での重量688トンを実現した。300系より軽くなっただけでなく、その後、登場した後継車よりも軽さで優位に立ち、ゆるぎない開発能力の高さを実証した。

セミアクティブサスペンションの初採用

空気抵抗の減少と車体の軽量化は完了。残るは、動力のパワーアップであった。500系は、全電動車方式を採用した。つまり16両すべての車両に、新設計の軽量化モーターを4基ずつ搭載、全64基による出力で、300系の1・5倍のパワーを持たせたのだ。それは4分で時速300キロに到達できる性能だった。

さらに最も重い主変圧器を300系よりも1基減らし、軽量化とパワーアップの徹底をはかった。開発スタッフの努力により、500系はこれまでにない高速性能となった。ただ、営業車である以上、スピードだけでなく快適な乗り心地も伴わなければならない。その点にも抜かりはなかった。採用したのは、セミアクティブサスペンションだ。これは、予想される車体揺れを感知すると、傾く方向と逆に力をかけて揺れを抑える仕組みで、新幹線初採用となった。

他にも、500系は営業車としてさまざまなブラッシュアップが行われた。開発全般にわたる指揮は「技術開発部」、そして製造は「車両部」の手で行われた。

東京―博多間「5時間の壁」

平成9年3月22日、ダイヤ改正で500系は「のぞみ」として、営業運転を開始した。新大阪―博多間を最短2時間17分。営業最高速度300キロを実現した瞬間であった。

500系開発当初の目標は2時間19分。時間にしてわずか2分ではあるが、目標以上の成果は、JR西日本にとって大きな自信となった。待避している車両が後ろから揺れてくるので、追い越し電車が来ると通常はわかる。一方、500系が来るときは前もっての揺れがなく、いきなりブンッと追い越していく……。客室通路上の情報パネルには、300キロ運転が英語で表示された。

「こちらは500系のぞみ号の運転士です。時速300キロの旅をお楽しみください」

車内では、そんな誇らしげなアナウンスも流れていた。

平成9年7月より量産車が順次完成、11月29日のダイヤ改正で東京にも乗り入れた。そして東京—博多間5時間の壁を初めて破り、4時間49分で結んだ。同年にはブルーリボン賞を受賞する。

だが、黄金時代は長く続かなかった。500系は長距離運用を連日こなすがゆえ、通常車両に比べ走行距離が格段に多かった。加えて定員数の違いから、他の新幹線とオペレーション上の違いも目立ち始めたのだ。

そして平成22年2月、500系は「のぞみ」運行から引退。平成25年3月には、「ひかり」運行からも引退した。JR西日本の誇る500系新幹線誕生のため、全力を尽くした試験車両「WIN350」。形状の違う2種類の先頭車両は、それぞれ別の場所に分かれて静かな余生を過ごしている。

一方、500系は0系に代わって「こだま」として運用され始めた。「夢の超特急」と呼ばれた0系以来、久々に登場した「かっこよくてあこがれる」新幹線の存在はイメージキャラクターになるほど、JR西日本の顔であり、誇りでもある。

JR西日本は、500系新幹線の投入で鉄道ファンの心をつかんだだけでなく、自社の開発能力の高さを実証し、後の車両開発に向けて大きな自信を手に入れた。およそ6年にわたる、全社挙げての不屈のチャレンジ。営業運転・時速300キロという未知なる領域への挑戦は、大いなる成功で幕を閉じた。

「500系」新幹線の運転区間（東京乗入時）

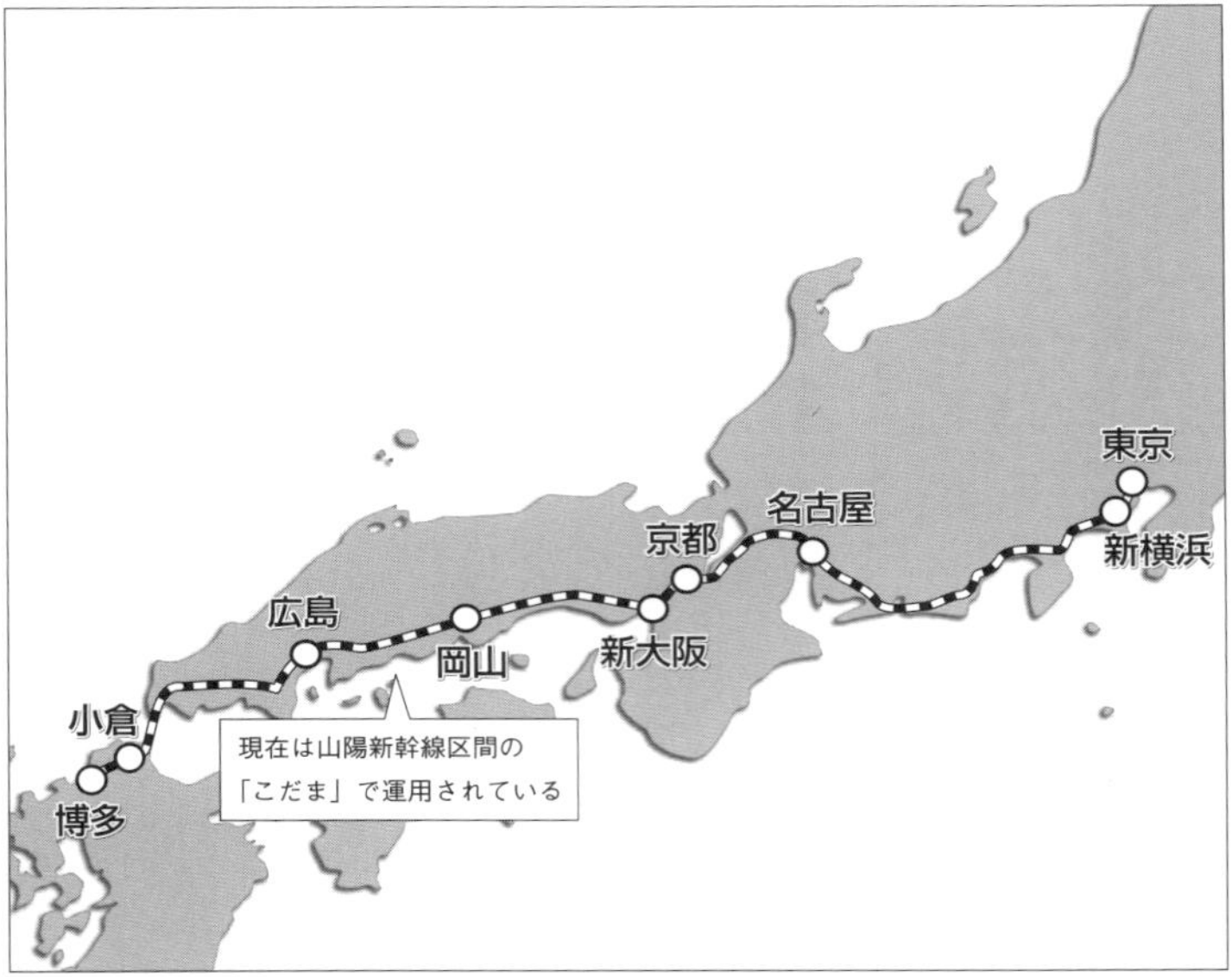

◉500系新幹線 **年表**

昭和62年	国鉄分社化、民営化
昭和63年	「ウエストひかり」運転開始
平成元年	「グランドひかり」運転開始
平成2年	500系新幹線開発プロジェクト始動
平成4年	「WIN350」完成、高速試験開始
平成9年	3月、500系「のぞみ」運転開始 11月、500系東京乗入れ開始
平成22年	500系「のぞみ」終了
平成25年	500系「ひかり」終了

Episode 08

鉄道伝説

碓氷峠

急勾配66.7‰と戦った1世紀

関東と日本海側を結ぶルートとして建設された信越本線で、最後に残された区間が碓氷峠を挟んだ横川―軽井沢間だった。この区間は11.2km で、高低差が550m もあり、66.7パーミルという急勾配で結ばれた。この急勾配を克服するためにアプト式が採用されたものの輸送力のネックとなり、昭和38年に粘着運転に切り替わっても、輸送力の制約は解消されなかった。

写真：(公財) 鉄道総合技術研究所

DATA

区間：信越本線横川～軽井沢間／営業距離：11.5km／最急勾配：66.7‰／高低差：約550m／運転方式：アプト式（明治26年～昭和38年）・粘着式（昭和38年～平成9年）

Introduction

碓氷新線開通前の試験走行の様子。
国鉄と急勾配との戦いは路線廃止まで続いた

中山道に立ち塞がる 66.7パーミルの壁との戦い

計画変更されたままの中山道

日本初の鉄道計画が持ち上がったのは、明治2年。新橋―横浜間に鉄道を引き、その後、関西まで結ぶというものであったが、当初は中山道を抜けるルートで建設が進められていた。

そのルート上にあった峠こそ、急勾配の碓氷峠である。結局、碓氷峠が妨げとなり、ルートは変更、東海道本線として開通することになった。太平洋側の、東西横のラインを結ぶのは、東海道本線だ。しかし、日本海側と太平洋側を結ぶ縦のラインは、中山道ルートのままで、すでに上野―横川間と、軽井沢―直江津間までは開通していた。

2つの路線を結ぶ、横川と軽井沢の間に存在するのが「碓氷峠」――最大で66・7パーミルという、急勾配の峠である。66・7パーミルとは、1000メートル進んで66・7メートルの高低差が生じるということ。

横川―軽井沢間で言えば、わずか11・2キロでおよそ550メートルを上ることになる。長距離列車や貨物列車が走る、普通の鉄道路線は33パーミルの勾配が限界の時代だった。

鉄道の限界をはるかに越えた「峠越え」。しかし日本の近代化のため、東海道だけでなく、東京―新潟間の物流も円滑にする必要に迫られていた。新潟には米と石油という、大きな産出品が眠っている。そのためにも碓氷峠に鉄道を引き、何としても2つの路線をつなぐ必要があったのだ。

碓氷峠を走行する蒸気機関車

ルート開発時からアプト式の軌道が採用されていた

明治24年3月。その急勾配対策として、ドイツの山岳鉄道で導入されていた「アプト式」を用いることで、工事はスタートした。

アプト式はラックレール式と呼ばれる軌道方式だ。3重にした歯形のラックレールを引き、これと車両側の歯車とを噛み合わせる。そうすることで急な坂道での推進力、そしてブレーキを強化した。碓氷峠の区間ほぼ全域に、このラックレールが引かれた。

ルートの多くは山の中である。トンネル26カ所、橋梁18カ所を結ぶ、大規模な建設工事が行われた。結果、橋梁などに使用されたレンガは1000万個以上。これは東京駅で使われたものと同じく、埼玉県の深谷工場で作られた国産の赤レンガであった。

当時はまだ技術面・物資面ともに外国への依存が高かった日本の鉄道。そこに登場した国産の赤レンガで作られた碓氷峠のアーチ橋の数々は、日本の産業発達史からみても大いに意義深いものであった。

峠の大規模工事は、1年9カ月という驚異的な速さで終了することができた。ここに碓氷線が誕生、新しい陸上輸送の道が開けた。

窒息・失神する乗務員

明治26年4月1日。アプト式を取り入れた横川―軽井沢間が開通。そして高崎―直江津間は「信越線」となり、新潟と東京は1本の線で結ばれた。

すべてが成功に見えた。だが碓氷峠の区間だけは、「碓氷線」と別に呼ばれるほどの特別な区間としてスタートしている。本当の戦いはこれからだった。

最初に導入されたのは、ドイツ製の3900形蒸気機関車。アプト区間での最大運転速度は時速9キロで、わずか11・2キロの区間を走るのに、約75分も要した。

まだ鉄道の技術が発達していない時代。アプト式は

伝説+α▶ 碓氷峠通過車両に付けられたGマーク

EF63の投入に当たって発生した連結器の座屈事故の対策として、碓氷峠を通過する車両の台枠や連結器を強化する事となった。また空気ばね台車については空気を抜いて対応させることとして、これらの碓氷峠対策を施した車両は形式番号の頭に丸印をつけた。この印はGマークと呼ばれたが、その由来は「頑丈」のGだという。

これらの対策を施しても碓氷峠の通過可能両数は8両編成に制限され、輸送力の制約は残った。これを解消するためにEF63と協調制御を行うことが可能な電車169系、189系、489系が登場。EF63から電車を制御し、押上力やブレーキ力の一部を電車が負担することで、12両編成で碓氷峠を通過することが可能となった。なお、国鉄時代末期には電車のみで碓氷峠を通過する事も計画され、187系が構想されたが実現には至らなかった。

急な坂を上るための、安全で最も確実な手段だったのだ。

当時最大の問題、それは、蒸気機関車の出す「煙」だった。トンネルが続く峠では、車内に押し寄せてくる煙に、乗務員も乗客も苦しめられることになった。何しろ、最大時速9キロでは数百メートルのトンネルを抜けるのにも10分近くがかかる。

乗務員は窒息・失神し、中には吐血する者までいた。中間駅の熊ノ平では、あまりの苦しさから列車を降りてしまい、再乗車を拒否する者もあった。

対策として、トンネルの入口に取り付けたのが、排煙幕だ。機関車がトンネルに入ると同時に、隧《ずい》道《どう》番が幕を閉め、空気の流れをさえぎり、煙が列車とともに流れるのを防いだのだ。しかし、列車が幕を突き破る事故などもあって、より安全な対策が必要とされていた。

蒸気機関からの脱却を図るべく、鉄道院は碓氷線の電化を決定する。明治44年、横川駅近くに火力発電所が新設された。

そして翌年、国有鉄道として初の「山岳幹線の電化」が完成する。

導入されたのは、スイス製の10000形電気機関車——蒸気機関に代わる電気機関車の登場であった。当初は、一部で蒸気運転車両も走ってはいたが、煙の問題は解決の方向へ進む。だが66・7パーミルという、鉄道の限界を越えた急勾配では、いまだ問題は山積みだった。

峠越えには複数の機関車を連結した。機関車同士の運転のタイミングをあわせないと大事故につながる危険性は、電化しても変わらない。

電化後も続いていたアプト式にも問題があった。大きな力がかかり続けるラックレールは頻繁に破損し、絶えず保守が必要であった。

それらの問題に立ち向かうべく、新型電気機関車の開発が急がれていた。

アプト式の終焉

大正8年、ＥＤ40形が登場する。国鉄が初めて導入した、国産の電気機関車であった。ＥＤ40形の登場で蒸気機関車はすべて廃止。多くの人々が苦しんだ煙が、完全に碓氷峠の空から消えたのだった。

ＥＤ40形の後継機とも呼べる、ＥＤ42形が完成したのが、昭和9年だ。このＥＤ42形は、アプト式が完全に廃止される昭和38年までの長きにわたって、アプト式碓氷線の全盛期を担っていくこととなる。

ED40形

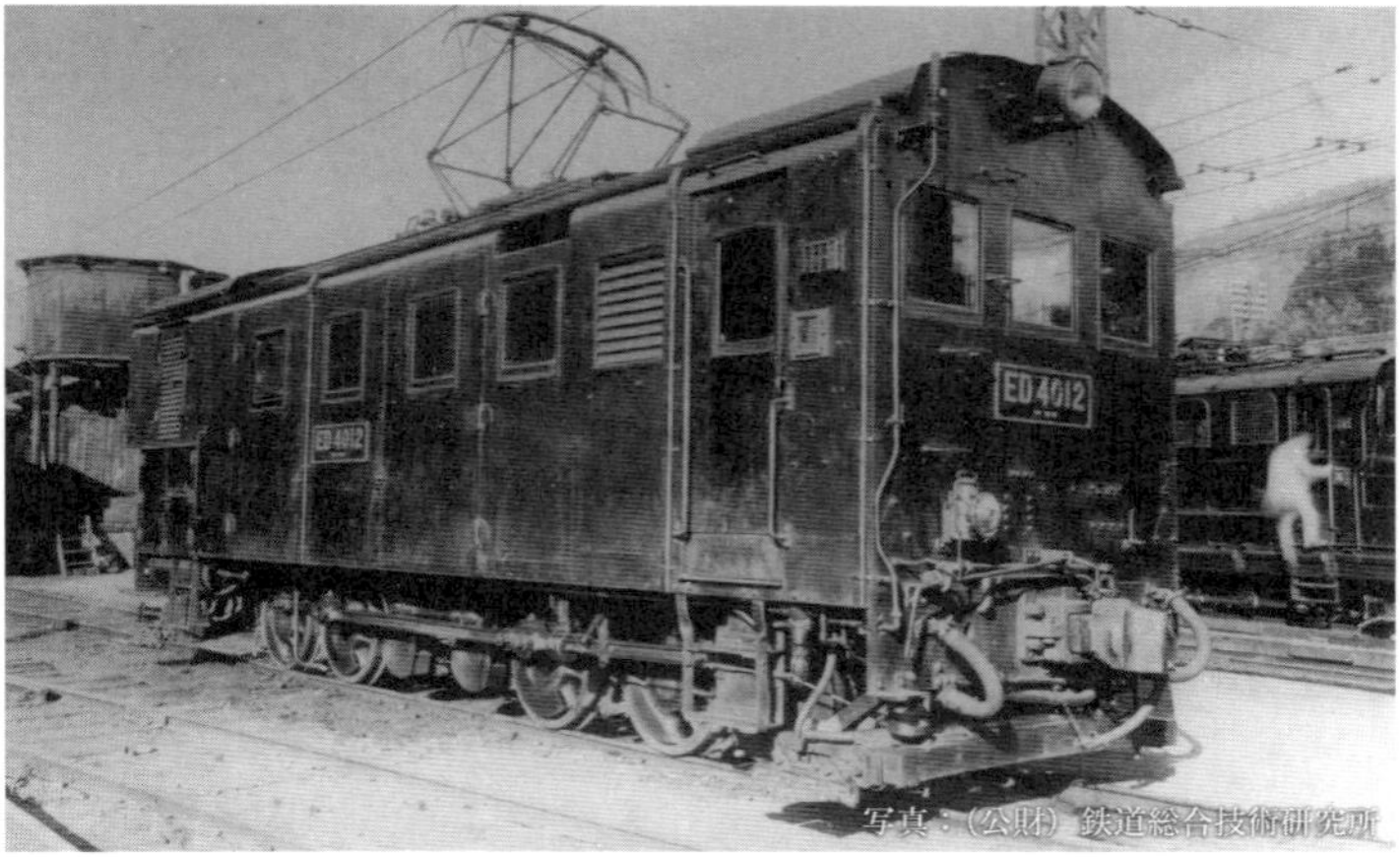

この車両の導入により碓氷峠から煙が消えた

しかし、人の手で解決できない大きな問題も、碓氷峠では頻繁に起こっていた。昭和25年6月8日、碓氷線史上、最大の事故が発生した。熊ノ平駅構内の第10号トンネル出口で、巨大な土砂崩れが発生。さらに翌朝も続けて大規模な土砂崩れが発生、職員とその家族あわせて50名が死亡、24名が重軽傷を負うという大惨事となった。

碓氷線は、運行や路線保守の問題だけにとどまらず、何よりも峠の大自然そのものとの戦いでもあったのだ。

昭和31年8月、高崎鉄道管理局が「碓氷白書」を作成した。その要旨は、「近年の急速な輸送量増加に対応できなくなった碓氷線の需要改善」「アプト式の老朽化が進み、保守が年々困難の度を増す現状の根本的改修」「そしてこれらを打開した上で国鉄の健全経営に役立たせる」ことにあった。

碓氷白書の提出を受け、碓氷線のルートについての再検討が行われた。横川—軽井沢間の輸送強化のために、25パーミルの、よりゆるやかな勾配区間へ新ルート敷設も検討された。

しかし、路線延長が2倍以上になるため、区間の運転時間も現在より延長ぎみとなる。何よりも工事費が相当額にのぼり、工事に3年を要することが判明した。

結局、現状のアプト式に平行して、大型トンネルの新線をつくるという、66・7パーミル勾配の案でまとまった。現在の線路を改修すれば、簡単に複線化でき、輸送上の問題は完全に除去できる。また機関車の性能向上によって、約20分の運転時間短縮も可能となっていた。

それに伴い、明治の時代から半世紀以上続いたアプト式も、ついに廃止されることになった。

昭和37年、ラックレールを必要としない、新型の電気機関車、ＥＦ63が完成した。このＥＦ63は、横川と軽井沢の間の、66・7パーミルの急勾配を進むためだけに開発された、「碓氷峠専用」という特殊な車両であった。

元横川機関区の運転士だった佐藤さんは、碓氷峠の特性をこう語った。

「勾配がきついというのは速度が出せないということ。上りは空転、下りは滑走。それをいかに大きくしないで運転するかが大事です」

ＥＦ63には急勾配での空転・滑走防止のための、ありとあらゆる対策が施されていた。それは、急勾配66・7パーミルを克服するためにだけ用意されたと言っても過言ではなかった。

しかし、アプト式の歯車なしに、果たしてこの急勾配の区間を、安全に走れるだろうか？　そこでＥＦ63投入に当たっては、念入りにテストが行われた。

やはり、問題が起こった。非常ブレーキをかけると、機関車の連結器が折れ出したのだ。連結器にかかる力が集中しすぎていた。現地でテストを続けてきたのは、後にＪＲ東海社長となる山之内秀一郎。山之内は本社に戻り事態を報告するが、だれも信用しない。

そうこうしているうち、電車をつなげた機関車で非常ブレーキをかけたところ、今度は電車そのものが脱線してしまった。大騒ぎとなった本社から、幹部が続々とやってきた。山之内は幹部の目の前で、電車の連結器がちぎれるのを再現して見せた。幹部は呆然としたまま立ちすくんでいた。

新線の開業予定日は目前だったが、急遽、新線への全面切替えは10月まで延期することが決まった。

昭和38年7月15日、一部アプト式を残したままではあったが、予定通り、碓氷新線が開通。その一方で、会議につぐ会議を重ね、再試験も続けられていた。

連結器の破損問題も、この数カ月で解決した。この区間だけ空気バネの空気を抜く、連結両数を予定より減らすなどして、対応策を講じることができた。

そして同年10月1日、碓氷峠を通過する全列車の粘着運転、いわゆる現在の、普通に見られる2本レール上での走行運転がスタートした。

碓氷線の第一幕、明治時代より続いたアプト式の時代が、ここに終わった。

碓氷新線開発前の試験走行

アプト式を用いずに峠を越えることができるかをチェックした

ついに碓氷線が廃止

高度経済成長に押されて、碓氷新線は増強された。とはいえ、昭和50年代になると、関東から日本海側へ抜ける道路も整備され、トラック輸送が増加する。これにより、経営が悪化した貨物列車は全廃されることになった。

さらに上越新幹線が開通し、スキー・リゾート地への乗客も大幅に奪われ、その結果、碓氷峠を通る信越本線の本数は減ることになってしまった。

やがて時代は国鉄からJRとなる。JR東日本は北陸新幹線、高崎―長野間の開業を発表。それと入れ替わるように、平成9年9月30日をもって横川―軽井沢間を廃止することが決定された。

ここに、104年間にわたって続いた碓氷線そのものの歴史が閉じることとなったのである。

伝説＋α▶ 北陸新幹線でも碓氷峠は難所

平成9年10月に北陸新幹線が開業したことで、並行する信越本線横川ー軽井沢間は廃止され、66.7‰急勾配は過去のものとなった。そんな北陸新幹線でも安中榛名ー軽井沢間23.3kmの高低差は約651mで、勾配は30‰におよぶ。新幹線の連続勾配は12‰で設計されているため、この勾配は破格だった。また九州新幹線には35‰の急勾配区間が存在するが距離は短い。

北陸新幹線の列車は高崎から全力で加速し、安中榛名を通過した場合でも最高速度は200km/h程度まで落ちるという。まして安中榛名停車列車は、軽井沢までに170km/h程度までしか速度を上げられない。また、この区間の勾配を下る際もブレーキ性能の関係で最高速度は210km/hに制限されている。新幹線の時代になっても、碓氷峠は相変わらずの難所なのである。

550人を超える犠牲者

日本の山岳路線として、最大の難所であった碓氷線。ここでは、最後の最後まで、特急電車ですら機関車に牽引されないと、峠を越えることはできなかった。

先述の佐藤さんはこう語る。

「戦後の輸送力増強の一端でEF63に変わった」

「時代がゆったりしていた。ここちよい場所だった。そういう中から、先輩の教えを守り安全を継承してきた。1つの重要なことです」

碓井線、すなわち横川―軽井沢間は、日本の電気鉄道技術発祥の地として名を残しただけでなかった。わずか11・2キロの区間に挑んだ104年。66・7パーミルという、他に類を見ない急勾配に挑んだ104年であった。その間、工事、保線、運行により、ここで命を落とした人の数は、550人を超える。

碓氷線の歴史は、国鉄の、いや日本の鉄道を切り拓き、命がけで守り続けた人々の、戦いの歴史そのものであった。

碓氷線、碓氷新線案のルート

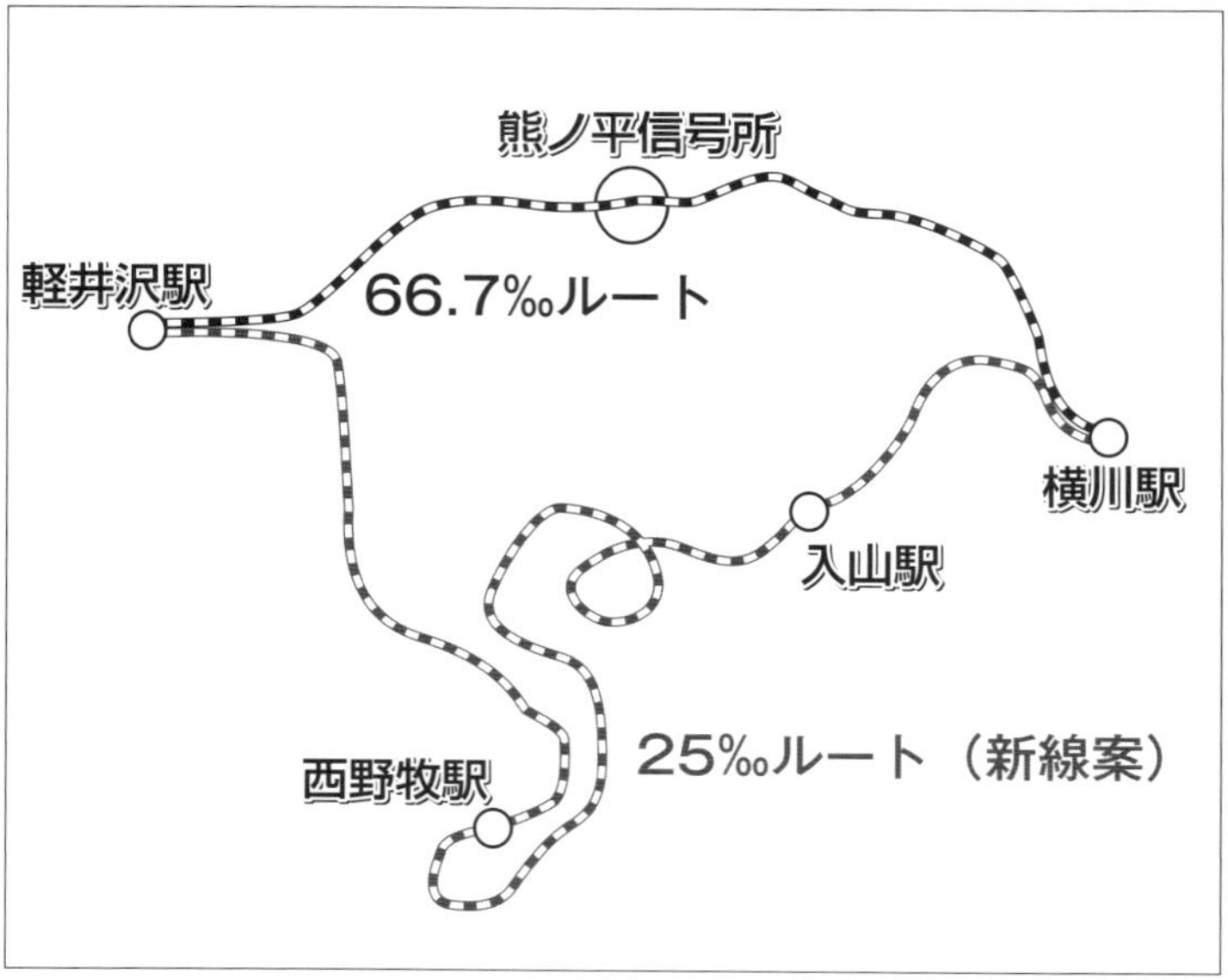

◎碓氷峠 年表

明治24年	横川―軽井沢間の工事開始
明治26年	横川―軽井沢間（碓氷線）開通
明治45年	碓氷線の電化決定
大正8年	ED40形が登場
昭和9年	ED42形が登場
昭和37年	EF63形が登場
昭和25年	土砂崩れによる事故が発生
昭和38年	碓氷新線が開通
平成9年	碓氷線が廃線

Episode 09

鉄道伝説

大阪万博
波動輸送

2200万人の輸送を
成功させよ

昭和40年9月14日、日本万国博覧会の開催が決定した。会期は昭和45年3月15日～9月13日の183日間で、場所は大阪府吹田市の千里丘陵。高度経済成長期の日本を象徴するこの一大イベントには全国からの来場者が予想され、会場周辺はもとより国内各地からのアクセスを充実させるために鉄道、航空、高速道路の整備が急ピッチで進められることになった。

写真：阪急電鉄

DATA

日本万国博覧会／会場：大阪府吹田市／会期：昭和45年3月15日～9月13日／来場者数：延べ6421万8770人

Introduction

見物客で賑わう阪急万国博西口駅。
開催期間中、のべ6000万人以上が全国から訪れた

高度経済成長期を象徴した大阪万博への輸送大作戦

半年間、毎日帰省ラッシュ

昭和45年、日本人にとって忘れることのできない巨大イベントが開催された。「人類の進歩と調和」をテーマに掲げた大阪万博である。高度経済成長の勢いとともに、エネルギッシュに前へ前へと進もうとしていた時代。万博は、日本人に明るい未来を予感させる「大きな祭り」そのものであった。半年間の開催期間中、日本人のおよそ6割にもおよぶ6400万人以上の観客がつめかけた。

当時、クルマ社会へと変わりつつあったが、大量の人間の輸送は、まだ鉄道が中心。万博目当てに全国から駆けつける人々に、国鉄や関西の鉄道会社は、前代未聞の集中大量輸送に立ち向かうことになった。

とくに新大阪駅や大阪駅は、半年間にわたって毎日、帰省ラッシュのような状態であった。東海道新幹線では、年間の利用者が前年よりも16%、1200万人以上も増加したのである。

過去に例がない大量輸送計画の中心になったのが、全国の特急や急行の列車計画、そして新幹線の業務を担当する国鉄本社の運転局列車課であった。

どれだけの臨時列車を増発すべきか？ 通常ダイヤにどう組み込んでいけばよいのか？ かつてない数の乗客を、どう正確かつ安全に輸送するか？ いまだ経験したことのない難題克服には、彼らを始めとする鉄道関係者の不眠不休の活躍があった。それは紛れもなく、日本の鉄道輸送史に残る偉業であった。

アジアで初めて開かれる国際博覧会として世界中から注目を集めていた大阪万博は、東京オリンピックに次いで、日本が国際社会への復帰をアピールする一大イベントでもあった。

万博の全容が見え始めたのは、開会を2年後に控えた昭和43年。当初、大阪万博の入場者予想数は、およそ3000万人だった。

この大量の乗客をさばくため列車課が計画したのが波動輸送だった。波動輸送とは、お盆や年末年始などで乗客が増えて、定期列車ではさばけない場合に、臨時列車を運行し対応することである。国鉄内では次のようなやりとりがあった。

「3000万人のうち、国鉄を利用するのはどれくらいだ?」

「約1000万人です。そのうち新幹線は600万人だと考えられます」

「まず新幹線の増強が急務だ」

1000万人もの乗客を全国から大阪へと運ぶ万博の波動輸送の主役となるのが、東海道新幹線であった。東京―大阪間を3時間10分で結ぶ東海道新幹線にとって、大阪万博は東京オリンピックのとき以上に、その威力を発揮できる舞台であった。

しかし、問題は速さではなく、その輸送力であった。

波動輸送の切り札

当時、新幹線は12両編成。1時間にひかり3本と、こだま3本が交互に運転する「3－3ダイヤ」であった。1時間に15本近くが運行する現在では考えられないような、ゆったりとしたダイヤ編成だ。

当然、これだけの本数では、万博の乗客輸送に対応できないことは明白であった。万博波動輸送の中心となる東海道新幹線の増強は必須であった。

車両を4両増やすことによって、1編成につき定員が300名増えることになる。もともと、ひかりの16両化は、昭和47年に新幹線を岡山に延伸する時期を予定していたが、万博対策として急遽、2年前倒しすることになったのだ。

また、こだまでは、1編成に2両あったビュッフェ車を1両に減らし、客車を増やした。

東海道新幹線「0系」

波動輸送の主役として期待された

12系客車

西日本の波動輸送の切り札として生産された

万博開幕後、88番目のパビリオンと言われるほどの人気を博した新幹線——当時は乗ること自体が1つのイベントであり、大阪万博のときに初めて新幹線に乗った人も多かったのだ。

新幹線の増強と併行して、在来線における波動輸送計画も着々と進んでいった。

新幹線が開通していなかった西日本の波動輸送の切り札として、万博にふさわしい新型車両の生産が決まった。それが12系客車である。冷暖房が完備されたこの客車は、それまでの臨時列車のイメージを覆すものだった。

一躍人気となった12系客車によって、九州方面からの乗客輸送は円滑に進んだという。万博終了後も増産が続けられ、全国の路線を走ることとなった。12系客車は、万博によって生まれた国鉄の大きな財産の1つとなった。

入場者予想が大幅増

万博対策の第1弾が、昭和43年10月、いわゆる「ヨンサントオ」のダイヤ改正であった。東海道線36本、山陽本線56本、北陸線20本の団体臨時列車のダイヤが組み込まれた。

しかし、ここで思わぬ事態が発生した。万博の入場者の予想が、3000万人から5000万人へと大幅に増えたのである。

「入場者が5000万人！」

「じゃあ国鉄を利用する人間は、どれくらいになるんだ」

「およそ2000万人になると考えられます」

「新幹線利用者も増えるのか」

「おそらく1000万人近くになると思われます」

さらに鉄道関係者を悩ます事態が発生した。当初、海

伝説＋α ▶ 電車全盛期に登場した新型客車12系

国鉄は万博輸送に備えて在来線の輸送力の増強を図ることとした。当時の国鉄は電車、気動車の時代に移行していた。しかし万博終了後の転用を考慮した場合、維持コスト的にも客車が有利であり、また戦前に製造された客車も多数残存していたことから、これらの更新を兼ねて新型客車12系を昭和44年に導入した。

12系は急行形として製造されため冷暖房を完備し、台車にも空気バネを採用するなど、当時の客車はもちろん電車、気動車の水準を上回る快適性を確保。しかもサービス電源や圧縮空気を自給自足するため牽引する機関車を選ばなかった。また、ブレーキも改良され、専用機関車を使わずに110km/h運転が可能だった。

なお、12系のシステムは20系に続く寝台特急ブルートレインの新世代車両のベースとなり、14系、24系が誕生している。

外からの観客は、伊丹空港を利用することが想定されていたが、ボーイング747が重量の関係で伊丹に発着できないことが判明。羽田発着へと変更を余儀なくされたのだ。それは、ますます国鉄利用者が増えることを意味していた。

列車課では、夜行の「銀河」を2往復追加し、夏場はさらに「銀河51号」を増発することを計画。だが、これでも2000人程度しか対応できず、これ以上の夜行列車の増発は、到着時に朝の通勤ラッシュの時間帯とぶつかるため不可能であった。

昭和44年10月のダイヤ改正は、万博輸送をさらに意識したものになった。新幹線が増発され、1時間あたりひかり3本、こだまは最大6本運行できる「3―6ダイヤ」となった。そして開幕が1カ月後に迫った翌年2月には、ひかりの16両編成化が完了。東海道新幹線の増強は、ほぼ予定通りに進んでいた。

東京駅で発車を待つ銀河

関西と東京を夜行でつないだ

しかし、2000万人もの乗客を本当にさばき切れるのか？　現場の不安は解消されなかった。

昭和45年3月14日、大阪万博が開幕。日本中を熱狂の渦に巻き込んだ世紀の祭りが始まった。太陽の塔をデザインした岡本太郎の言葉を借りれば「ベラボー」な祭りの始まりであった。

万博輸送に追われたのは国鉄だけではなかった。大阪市営交通局や関西の私鉄も奔走した。阪急電鉄は、万博会場にまで期間限定で路線を伸ばし、万国博西口駅を作るなどの対策をとった。近鉄は、万博に間に合わせるため、それまで上本町止まりであった特急電車の難波駅乗り入れを実現させた。

大きな混乱もなく始まった万博であったが、春休みを迎えると入場者が大幅に増え始めた。

そして「よど号ハイジャック」事件が発生。ハイジャックを恐れた人たちが、移動手段を飛行機から鉄道へ変える騒ぎとなった。鉄道は、どの路線も大混雑となった。

ゴールデンウィークに最初のピークを迎え、さらに夏休み期間には、相当な混雑が予想された。日々の状況が新幹線総局や大阪の「万博輸送対策本部」からもたらされ、列車課は、その対応に追われていた。

「今夜はひかりを2本、こだま3本を臨時運転させる」

「それなら5000人は乗せることができる」

列車課では混雑具合を見ながら特発の「ひかり」「こだま」を当日手配で運行。東海道新幹線567本、在来線173本の臨時列車を増発した。騒音問題で深夜運行ができなかった新幹線であったが、特別に「ひかり326号」を運行。新大阪21時10分発、東京0時20分着という異例のダイヤであった。

また東海道本線においては、臨時の快速電車を増発した。「万博号」「エキスポ号」と名づけられ、万博閉幕まで多くの乗客を運んだ。

さらにゴールデンウィークから万博会場の閉まる時間が22時30分に延長となる。その結果、最終の新幹線に乗ることができない乗客が大量に発生することになった。苦肉の策として、座席指定しかなかった「銀河」に立ち席を販売するほどであった。ところが、それでも駅に取り残される乗客が続出し、地元大阪から悲鳴があがった。

在来線と新幹線を乗り継ぐ

列車課では、さらなる臨時列車の運転計画を立てる必要が生じた。そして生まれたのが不可能を可能にした奇跡の臨時列車「エキスポこだま」であった。

しかし、その実現には多くの困難が待ち受けていた。

「東京も大阪もゴールデンウィークの臨時列車で予備車両がありません」

各車両区も、すでにゴールデンウィークのための臨時列車を運行するため、万博用に回す車両がなかった。それでも無理を承知で全国の車両区から手当たり次第に予備車両をかき集めるしかなかった。

「姫路から1両調達できます」

「鳥取から1両借りることができます」

何とか集まったのは、冷房がない一般客車13両。1両を予備車に回し、12両1編成として夜行列車を走らせることになった。万博にちなんで「エキスポこだま」と命名。だが、東京駅の到着時間で問題が起こった。到着時間が朝の通勤ラッシュに重なってしまう――東京駅としては、その時間に新たな列車を受け入れる余裕はなかった。計画は暗礁に乗り上げたと思われた。

「これがあった！」

三島の車両基地から、毎朝、東京駅へ空の車両で運転している回送の新幹線があった。

「三島で新幹線に乗り継げば、通勤ラッシュに影響は出ない！」

これにより大阪から三島までは在来線を使い、三島で新幹線に乗り継ぎ、東京に行くルートができあがった。「エキスポこだま」とは、在来線と新幹線を途中で

伝説＋α ▶ 現在も残る万博輸送の名残

国鉄とともに万博輸送の主力を担ったのが大阪市交通局（現Osaka Metro）御堂筋線と北大阪急行電鉄だ。北大阪急行電鉄は千里ニュータウンからの通勤客を輸送するために建設された路線で、江坂から御堂筋線に直通する列車の運行を計画していた。

ところが、大阪万博の開催が決定したことで急遽千里中央（仮駅）を設置し、ここから分岐して万国博中央口までの路線を建設。この路線は中国自動車道の上り線予定地に敷設された。そのため中国自動車道は下り線を対面通行として供用した。

万博終了後、千里中央（仮駅）～万国博中央口間は廃止され、線路跡は中国自動車道上り線に転用された。しかし分岐点部分の地下空間は現在も残されているほか、歩道橋に千里中央（仮駅）への入口の名残が残っている。

乗り継ぐというウルトラCをやってのけた列車だったのである。

臨時列車用に確保されたダイヤ

大阪から東京までのダイヤは確保できた。しかし、次は乗り継ぎ時間の問題が浮上した。細部の調整を行ったところ、三島での乗り継ぎ時間がたった4分しかないことが判明したのだ。4分間での大量の乗客の乗り継ぎは不可能。もっと早く三島に到着する方法はないのか？　ふたたび国鉄内で話し合われる。

「静岡駅で銀河2号が12分間停車している」

「そこで銀河を追い抜くことはできないか？」

「同格の列車に追い抜かせるのか！」

「いや乗り換えの時間を考えるとこの方法しかない！　そうすれば、三島での乗り換え時間が12分とれるんだ」

乗り継ぎ時間を確保するために、臨時列車の「エキスポこだま」が先行する定期急行を追い抜くという、これまた前例のないダイヤで走ることになった。それでもまだ問題は残されていた。

毎日運転するためには2編成が必要だったが、予備車両をかき集めて作られた「エキスポこだま」は1編成しかなかった。となると、その日のうちに大阪に列車を返すことが、毎日運行する絶対条件だった。

だが、臨時列車で満杯のダイヤには、どこにもエキスポこだまを走らせる空きはなかった。列車を戻す方法がなければ、エキスポこだまは1日おきとなる。それでは万博波動輸送の効果も半減してしまう。東海道線のダイヤを穴が開くほど見直した。

そんなとき、列車課のあるメンバーが、臨時列車時刻表に載っている1つの列車ダイヤに気がついた。それは8101列車ダイヤであった。臨時列車用にあらかじめ確保してあったダイヤであり、その時期は、実際にその時間に列車が走っていなかったのである。

「カラの車両を、この8101ダイヤの時間で折り返せば、その日の夜の大阪発に間に合う！」

列車課は歓喜に包まれた。それは「エキスポこだま」の計画が発案されてから、わずか5日間の出来事であった。

苦難の末、12両編成、定員1040名の「エキスポこだま」は誕生した。大阪発22時58分で東海道本線を走り、朝の6時53分に三島に到着。12分で新幹線に乗り継ぎ、8時10分に東京駅に到着する。

「エキスポこだま」は、ゴールデンウィークと夏休みを挟んだ7月3日から最終日まで運転され、ほぼ連日、満員状態が続いた。さらにピーク時は立ち席で200名追加ということもあったという。

全国からかき集めて組まれた12両1編成の「エキスポこだま」は、三島駅を折り返し、連夜のフル運転を行う大車輪の活躍をしたのだった。

エキスポこだま

全国の車両区から客車をかき集めて編成された

万博が閉幕に近づくにつれ、訪れる観客は増え続けた。それに対応すべく、日替わりでダイヤに載らない臨時列車が増発されることになった。鉄道関係者の奮闘は、万博最終日まで続いたのである。

9月13日、日本国民を熱狂させた大阪万博が閉幕した。入場者数は予想を大きく上回る6420万人。同時に国鉄、私鉄を巻き込んだ過去に類を見ない万博波動輸送も終わりを告げた。国鉄の臨時列車は延べ2023本、国鉄利用者はおよそ2200万人。新幹線利用者は1000万人にものぼった。

この時期、新幹線利用者の4人に1人以上が万博客だった。そしてこれだけの大規模な輸送であるにもかかわらず、大きな事故はなかった。

半年間の民族大移動と言われた万博波動輸送の成功の影には、鉄道関係者の不眠不休の活躍があったのだ。

エキスポこだまの時刻表

駅名＼列車番号		9118 急行 「エキスポこだま」
大　阪	発	2258
新大阪	〃	2305
京　都	〃	2344
名古屋	着	0217
	発	0222
豊　橋	着	0340
	発	0341
浜　松	着	0416
	発	0422
静　岡	着	0545
	発	0547
富　士	〃	0622
沼　津	〃	0645
三　島	着	0653

三島発東京着
新幹線こだま 492号と接続

列車番号		492A
駅名＼列車名		こだま 492号
三　島	発	0705
熱　海	〃	0715
小田原	〃	0727
新横浜	着	0749
東　京	〃	0810
到着番線		⑱

◎大阪万博波動輸送　**年　表**

昭和40年	万国博覧会の開催が決定
昭和43年	国鉄列車課が波動輸送を計画、「ヨンサントオ」ダイヤ改正
昭和44年	「3－6ダイヤ」に
昭和45年	2月、東海道新幹線「ひかり」が16両編成化完了 3月、大阪万博が開幕 7月、「エキスポこだま」運転開始 9月、大阪万博が閉幕

Episode 10

鉄道伝説

小田急SE車

特急電車の未来を拓け

小田急電鉄は悲願だった新宿ー小田原間60分運転を実現させるため、軽量高性能な新型特急車両3000形 SE 車を開発した。開発には国鉄の鉄道技術研究所が協力し、当時の最新鉄道技術が盛り込まれた「鉄道技術のデパート」として位置づけられた。

写真:小田急電鉄

SPEC

形式:3000形/登場年:昭和32年/最高速度:110km/h/電気方式:直流1500V/主電動機(出力):TDK806/1-A形(100kW)/駆動方式:中空軸平行カルダン駆動/歯車比:3.71(昭和43年以降4.21)/台車:コイルバネ台車/ブレーキ方式:電磁直通空気ブレーキ

Introduction

画期的な低重心の連接車体の小田急「SE 車」。
この新型車両が、国鉄の特急や新幹線開発にもつながった

未来を先取りした画期的な特急車両SE車

劇的に軽量化した新型車両

小田急電鉄は、東京・神奈川で、多くの人々が利用する鉄道会社である。その看板と言えるロマンスカーは、観光地・箱根への足として人気だ。そんなロマンスカー誕生のきっかけは、昭和32年に登場した3000形SE車。世界的に機関車牽引による列車がまだ主流だった時代に、この車両が、狭軌鉄道における世界最高速度を叩きだしたことは、あまり知られていない。

電車による高速特急の未来を拓いたスーパー・エキスプレス＝SE車こそ、まさにエポック・メイキングと呼ぶにふさわしい存在なのである。

小田急SE車の登場は昭和32年。今でこそ流線型をした電車は、新幹線をはじめとして珍しくないが、当時はまさに衝撃的なデビューであった。この未来的と言えるデザインには、敗戦国日本の技術陣の熱い思いがこめられている。

戦争が終わり、首都圏の鉄道業界にも大きな変化が訪れた。戦争中に首都圏の他の私鉄と統合されていた小田急電鉄は、昭和23年6月、新宿―小田原間を結ぶ路線から再出発した。今でこそ小田急の沿線は、東京のベッドタウン。多くの通勤客のための重要路線だが、戦後すぐは、小田急と言えば箱根へ向かう拠点・小田原への足というイメージが強かった。

その小田急には、強力なライバルがいた。国鉄の大動脈、東海道線である。東海道線が東京―小田

スピード試験中の「SE車」

もともとは国鉄に対抗するために開発された車両だった

原間を75分で結ぶのに対し、小田急は戦時中の酷使で線路が傷んでおり、当時の車両では、新宿―小田原間に100分もかかっていたのである。

新宿から小田原・箱根への「温泉直通列車」というのが売りだった小田急だったが、このままでは国鉄にまったく対抗できない。新しい時代に生き残るためにどうするか……。連日会議が重ねられた。

ある日、1人の男が画期的なアイデアを出した。

「劇的に軽量化した新型特急を開発しよう！」

その人物は、取締役運輸担当の山本利三郎だった。山本は戦前、国鉄東京鉄道管理局の列車部長だった人物で、首都圏における鉄道のあり方に、さまざまなアイデアを持っていた。

国鉄に対抗するために山本が出した新型特急案には、2つのポイントがあった。まず、新宿―小田原間を60分でつなぐことで利便性を高めること。そのために、車両を劇的に軽量化し、当時の貧弱なインフラでも、スピードアップに耐えられるようにすることであった。

ただ、私鉄が新型の高速電車を開発するとなると、そう簡単にことは運ばない。

小田急社内では、反対意見が噴出した。

「自力開発などとんでもない」

「時期尚早」

「線路の保守工事を地道に行うことこそが必要だ」

「新型特急を開発することで、問題は解決するのです」

山本はくり返し説いてまわった。同時に山本は車両、運輸、工務の各部門から集めた委員で研究会を作り、小田急による自力での特急列車開発の可能性を訴えた。

敵方の心臓部へ直談判

昭和29年9月、その情熱が実を結び、ついに小田急は、山本の目指す次世代新型特急列車の開発を承認した。その特急列車は社内で、スーパーエキスプレスの略からSE車と呼ばれた。目指すは、劇的に車体が軽くて、スピードが出る特急電車の開発。だが小田急の技術だけでは、限界がある。そこで山本は、思い切った行動に出る。

向かった先は、なんと国鉄の鉄道技術研究所。それまで国鉄の数々の車両を開発してきた、いわば敵方の心臓部。山本は大胆にも、ライバルの国鉄から、技術開発の協力を得ようとしたのである。私鉄から特急開発に関する協力を求められるなど、鉄道技術研究所にとっても前代未聞の出来事だったが、意外や鉄道技術研究所は、その申し出を快く引き受ける。

当時の鉄道技術研究所には、戦争で職を失った陸海軍の優秀な研究技術者が多く集まっていた。だが当時の国鉄本体は、高速電車に対して否定的な意見も多かった。

まだ機関車牽引が主流であったのに加え、戦災からの復旧が残されており、国鉄にも余裕がなかったのである。そんな状況での小田急からの申し出は、鉄道技術研究所にとっても渡りに船。技術を活かす良い機会であった。そして私鉄と国鉄の垣根を越えた、新しい車両開発がスタートした。

当時の研究所には、2人の優秀な技術者がいた。三木忠直と松平精である。

戦時中、航空工学者としてさまざまな飛行機の設計を手がけてきた三木は、空気抵抗を軽減する高速化と軽量化の技術開発が専門だ。三木は、特急電車の車体を軽量化するために、航空機が用いるモノコック構造を提案した。これは当時鉄道車両に転用され始めたばかりの最先端の技術で、車体の骨組み部分を大胆に簡素化する一方、車体に丸みを持たせて、パーツでなく全体の強度を上げていくというものであった。

これにより車体は流線型となって、空気抵抗を従来の電車の3分の1に減らすことに成功した。このことで、ＳＥ車は理論上、従来の車両より大幅なスピードアップが可能となった。

一方、松平は戦時中は航空機における振動研究の第一人者で、鉄道技術研究所でも、台車の振動の研究に取り組んでいた。当時多かった列車の脱線事故は、台車の蛇行動が原因であると突き止め、後の高速運転に道を開いた人物でもある。蛇行動とは台車が高速で走っているうちに安定を失い、ゆらゆらと揺れる動きのことだ。

松平は、これまでの車両よりもずっと高速で運行するＳＥ車の安全を確保するため、鉄道技術研究所において数多くの実験をくり返した。そして台車にかかる重心をバネの組み合わせで分散させることで、安全でしかも乗り心地の良い車両を作り出した。

さらに他の技術者からも、多くの新技術の提案があった。高速での安定性を増すため、車高を一般の車両

伝説＋α▶ 小田急ロマンスカーのシンボルとなった連接車

2車体間に台車を配置する連接車体は小田急の伝統として受け継がれた。後継車の3100形NSE車では11両連接車体に増強。さらに前面展望室を設置して人気を博した。以後7000形LSE車、10000形HiSE車にも採用され、前面展望室と連接車体が小田急ロマンスカーのシンボルとなった。

その後、JR東海御殿場線直通用の20000形RSE車と通勤輸送に重点を置いた30000形EXEで前面展望室と連接車体の歴史が一旦途絶えたが、平成17年に登場した50000形VSE車は箱根観光輸送の新しいエースとして、前面展望室と連接車体が復活した。

最新型の70000形GSE車では前面展望室を継承したものの残念ながら連接車体は継承されなかったが、現在も小田急ロマンスカーのエースは連接車体のVSE車が担っている。

開発・実験中の「SE車」

安全性や乗り心地を追究する実験がくり返された

よりおよそ300ミリ低くし、重心を下げた。高速運転をするとなれば、正確で確実に停止させることができる安全装置も必要である。

そこで、すでに航空機で使用されていた最新技術を取り入れ、「ディスクブレーキ」を採用。また、命題である軽量化のため、台車の取り付け方式も変更。こだわったのは2車両で3つの台車となる「連接車」のアイデアであった。

これは、保守が難しくなることから小田急の工場担当者からは異論も出た。しかし、通常2車両ならば台車が4つのところを、3つとすることで、車体を軽くできる。

また、連接車は「カーブでの遠心力を抑えられる」というメリットもあった。遠心力が下がれば、揺れも少なくなり乗り心地も向上する。こうしてSE車は、連接車で開発することとなった。

否定的な意見が噴出

小田急の山本らの熱意が、国鉄・鉄道技術研究所のエンジニアたちの魂に火を点け、アイデアがアイデアを生んでいく……。そして昭和30年1月、従来の資本関係や取引にとらわれない純粋な技術的見地から、各分野6社が選ばれ、具体的な製造を開始した。

山本には、過去に例のない、まったく新たな特急車両・SE車の姿が次第にくっきりと見えてきた。山本にとっては、まさに自信作——ところが、この新型車両に対する小田急本社の反応は、意外なものだった。

SE車が当時の列車とあまりにかけ離れたデザインであったため、安全性への懸念や保守の不安が高まり、否定的な意見が噴出したのだ。自信を持って作り上げた設計が災いして、開発を続けられるか、危うい状態となった。

しかし、この計画の実現に意外な方向から追い風が吹く。

昭和29年10月、ライバルの国鉄が、週末に新宿から熱海への直通列車・準急「あまぎ」の運行を開始。熱海は、小田急の拠点・箱根に近い東京近郊の観光地であり、この列車の人気が次第に高まってきたのだ。

「このままでは今まで以上に乗客を奪われてしまう!」

社内の空気が一変し、反対の声は消える。国鉄に対抗できる特急車を作れの声が高まった。

昭和31年に入り、開発は再始動した。国鉄の力を借りて開発を進めてきたSE車を救ったのは、またしても国鉄であった。

劇的に軽い特急列車の開発が着々と進められていく中、さらなる努力を重ね、全部品を見直し、ネジも従来の規格品から変更した。座席に使うクロスシートの重さも半分となる。ついに、大幅な軽量化を現実のものとした。

SE車の基本姿勢は当時としては珍しい「定員乗車」であった。過剰な強度は必要ないため「より軽量化」を求め続けることができた。モノコック構造、全部品見直しなどを進めた小田急SE車は、当時最も軽いとされていた車両の、半分の重量まで落とすのに成功した。

伝説＋α▶ 国鉄の線路上を走った小田急ロマンスカーは2形式ある

昭和32年に国鉄東海道本線で行われた高速度試験において、小田急3000形SE車は当時の狭軌世界最高速度145km/hを記録した。このことが「こだま」型電車や新幹線開発への重要な基礎を築いたのは言うまでもない。じつはその25年後、再び小田急ロマンスカーが国鉄東海道本線の線路上を走行していた。

昭和57年に国鉄が新型特急車両の開発を進めていた際に、通常のボギー車と連接車の比較試験を行う事となった。しかし当時の国鉄には連接車が存在しておらず、小田急7000形LSE車を借り受けて試験を行った。試験区間は大船～熱海間で最高速度130km/hで走行し、乗り心地や振動のデータを取得。車体振動の少ないことを確認している。だが、乗り心地に大きな差は見られなかったため、国鉄は保守の手間がかかる連接式を採用しなかった。

「最も予約の取れない列車」に

次に、社内から挙がっていた反対意見、とくに安全性に関して、改めて検討がなされた。当時は踏切事故が多かったため、警報機は走行中つねに鳴らすことになった。しかし、ただの警報音では近隣住民からの苦情が出るため、作曲家に相談。音楽的なミュージックホーンを作り出した。

前照灯は日本の鉄道では初となる電車用のシールドビームが、メーカーによって開発された。これにより、従来の2倍以上明るくなった。まったく新しい列車として、カラーリングも松坂屋百貨店・包装紙のデザインで知られる画家に依頼。一度見たら忘れられない、未来的な風貌に仕上がった。

そして昭和32年5月、ついに3000形SE車が完成した。山本は、実際のSE車に触れて、まるで子どものようにはしゃいだという。

もともとは、小田急の線路を傷めないための軽量化であった。それがさまざまな人々の知恵や経験を集めて、まったく新しい「世界最先端の電車」が生み出されたのである。

昭和32年7月6日、多くの技術者の夢を乗せたSE車は営業運転を開始。新宿―小田原間を60分で結ぶこの新型電車は、小田急特急ロマンスカーの名で広く知られるようになり、当時は最も予約が取れない列車として話題となった。

とくに注目を集めたのは、「走る喫茶店」。ウェイトレスが注文を取りに来て、座席までドリンクな

SE車のシールドビーム前照灯（復元）

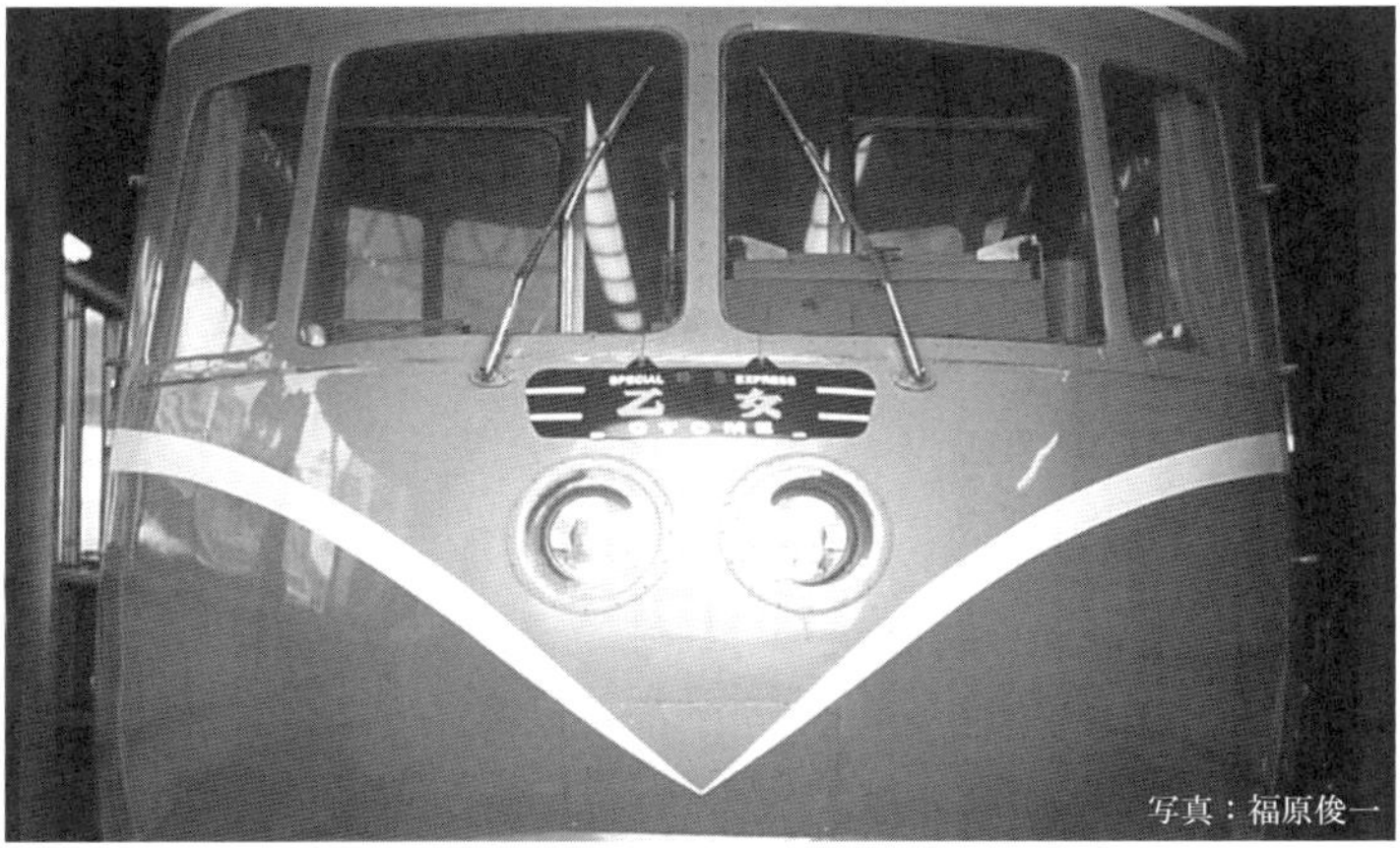

「SPECIAL EXPRESS」の頭文字からSE車となった

どを運んでくれた。後年、この走る喫茶店を題材にしたテレビドラマが作られるほどの大人気となった。

以降、箱根への電車旅は、SE車を使った小田急特急ロマンスカーが定番となって、多くの乗客を運び続けた。山本のアイデアから生まれた、SE車は、小田急の危機を救ったのである。

国鉄の線路を走った私鉄車両

SE車の物語は、これで終わったわけではない。もともと条件の悪い小田急の線路で、快適に走らせるための軽量化であった。

ならば、もっと条件の良い線路で走らせた場合、最先端を行くこの電車は、どれくらい速く走れるのか――その潜在能力に、小田急開発陣も国鉄鉄道技術研究所も大きな関心を持った。

そして昭和32年9月、直線の多い国鉄の線路を使っ

東海道線での走行試験

写真：(公財) 鉄道総合技術研究所

私鉄車両の開発実験で国鉄の線路を走行するのは初めてのことだった

て、共同高速走行試験が行われることになった。

私鉄の車両を国鉄の線路で走らせるテストなど前代未聞。しかし、三木忠直と松平精は、自分たちが戦時中から培ってきた技術が一体どのレベルのものなのか、どうしても知りたかった。そこで国鉄が小田急から車両を借り受けるという形で、昭和32年9月20日東海道本線、大船―沼津間で高速試験が行われた。

関係者や報道陣を乗せたＳＥ車はぐんぐんとスピードを上げていき、ついに狭軌路線での、当時の世界最高記録時速１４５キロを記録したのである。敗戦国日本の技術者達の努力と意地の結晶が、世界のトップレベルであることを証明した瞬間であった。

ＳＥ車開発で重要な役割を果たした三木と松平は、その後の０系新幹線開発においても中心となり、名実ともに世界一の列車を作り上げることとなる。

営業運転開始から１年後の昭和33年、全国的な鉄道

3100系NSE車

先頭車両の展望席が人気を博した

愛好団体である鉄道友の会が新たな賞を創設する。その年に営業運転についた車両から最も優秀な車両を選ぶ、ブルーリボン賞だ。その第1回で選ばれたのはＳＥ車であった。いや、選ばれたのではない。じつはこのブルーリボン賞は、ＳＥ車の登場に際して、「何か賞を贈るべきだ」という意見から設けられたものだった。

ＳＥ車の成功によって、日本の鉄道の歴史は、大きな転換期を迎えた。

昭和39年には、乗客にさらなる旅の楽しみを提供するべく、運転席を2階とし、先頭を展望席とした３１００系ＮＳＥ車が登場した。その後も小田急電鉄の花形路線を走る車両として、後継機が作られ続けている。

また、小田急ロマンスカーの成功によって、近鉄ビスタカーや０系新幹線など個性的な特急車両が、次々と作られることとなった。流線型をした特急車両――すべてはこの小田急ＳＥ車から始まったのである。

小田急「SE車」の運行区間

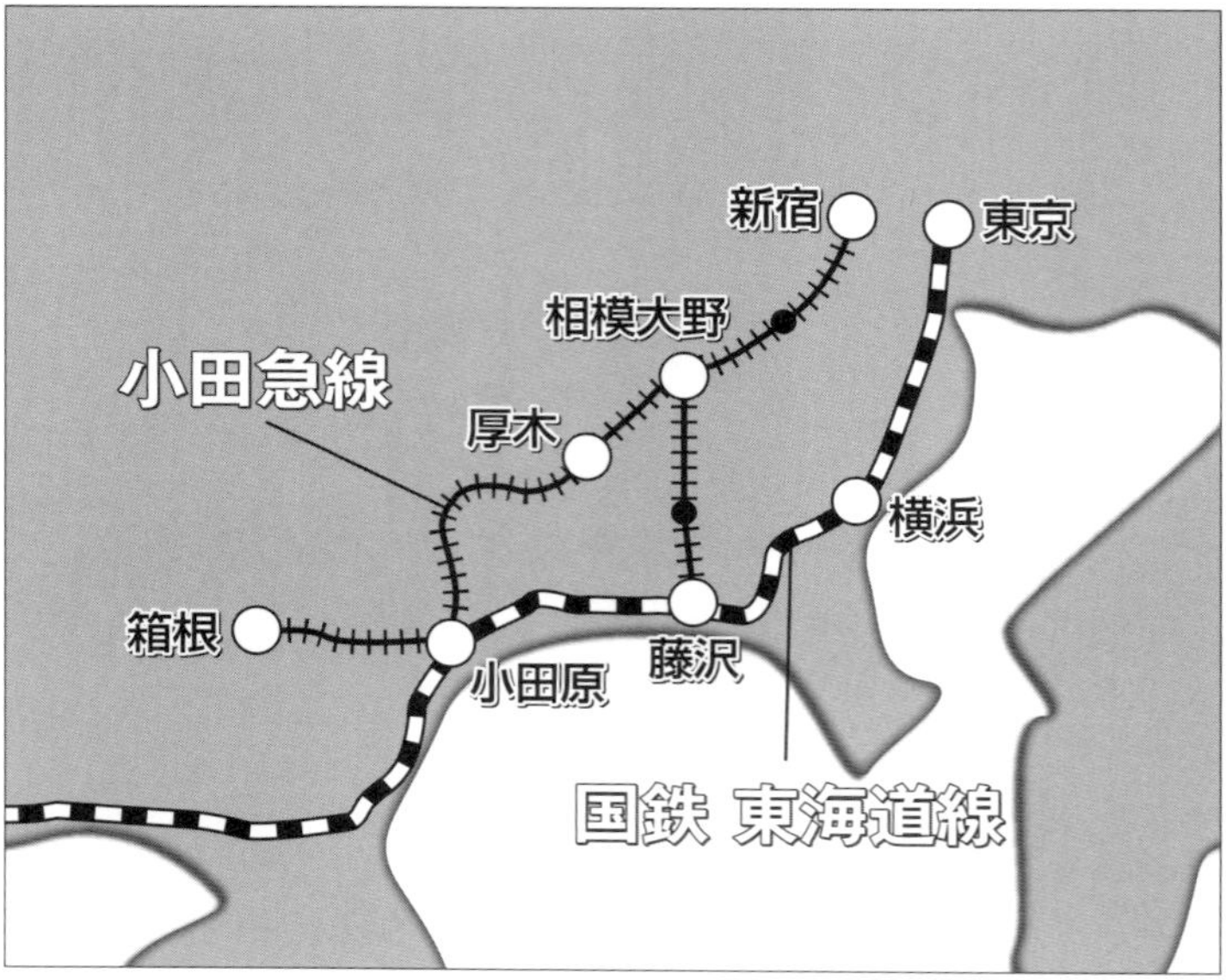

◉小田急SE車 年表

昭和23年	小田急電鉄が再発足
昭和29年	新型特急車両開発がスタート。
昭和30年	新型車両の製造開始
昭和32年	3000形SE車が運転開始、高速走行試験
昭和33年	ブルーリボン賞受賞
昭和39年	3100形NSE車が運転開始

Episode 11

鉄道伝説

近鉄ビスタカー

災い転じて福と成せ!

近鉄は名古屋ー大阪間の輸送で国鉄東海道本線とライバル関係にあった。しかし、当時の近鉄は線路幅の違いから伊勢中川での乗り換えが必要。しかも国鉄が特急電車の開発を開始したため、危機感を抱いた近鉄は名古屋線の線路を改軌するとともに、新型の特急車両を開発した。新型車両はシンボルとして眺望を重視した2階建て車両を連結し、ビスタカーと名付けられた。

写真：福原俊一

SPEC

形式：10000系／登場年：昭和33年／最高速度：110km/h／電気方式：直流1500V／主電動機（出力）：MB-3020C形（125kW）／駆動方式：WN継手式平行カルダン駆動／歯車比：4.39／台車：空気バネ台車／ブレーキ方式：電磁直通空気ブレーキ

※上の写真は10100系

Introduction

近鉄が誇る２階建て特急「ビスタカー」（２代目）。

世界初の2階建て車両による高速運転で名阪のエースに

大阪と名古屋を1本でつなぐ

近畿日本鉄道＝近鉄は、関西圏から中京圏に展開する日本最大の民営鉄道である。名古屋から三重県の伊勢中川までを結ぶ近鉄名古屋線――かつてこの路線に襲いかかった悲劇が、近鉄に重大な決断を迫った。

大阪・上本町駅に名古屋行きの近鉄特急が到着した。多くの乗客が利用する、この大阪―名古屋直通電車を実現したのは、1人の男の熱い思いであった。

近鉄には複雑な企業合併の歴史がある。明治から大正にかけて三重県では、地元の有力者たちによって中小の私鉄が相次いで作られていた。これらの私鉄は、安価で小さな車両を運用できる、狭軌の路線を使用していた。

一方、大阪では大正3年4月30日、大阪と奈良を結ぶ大阪電気軌道、通称・大軌が運輸営業を開始した。大軌はより大きな車両で、長距離・高速の輸送が可能な広軌の路線を使用していた。この大軌が、後の近畿日本鉄道の母体となった。

昭和2年、大軌は子会社の参宮急行電鉄を設立し、大阪から伊勢への直通運転を開始する。さらに名古屋方面への拡大を目指していた。

この年、1人の男が大軌に入社した。のちに「近鉄中興の祖」と謳われる佐伯勇《さえきいさむ》である。東京帝国

開業当時の上本町駅

写真：近鉄グループホールディングス株式会社

大阪電気軌道のターミナル駅だった

大学法学部を卒業した佐伯は、初の大学出身新入社員。鉄道事業の可能性に興味を持ち、まだ小さな私鉄に過ぎなかった大軌の門を叩いたのである。

大阪と名古屋を1本の線路でつなぐ――それは大軌にとって、大きな野望であった。

伊勢には桑名と伊勢神宮を結んでいた私鉄・伊勢電気鉄道があった。伊勢電気鉄道は名古屋への路線延長を計画するも経営が悪化する。そこで当時庶務課長だった佐伯が、伊勢電気鉄道買収の交渉役を任じられた。昭和11年、参宮急行電鉄は伊勢電気鉄道を合併し、まず大阪から桑名までの路線を確保した。さらに桑名―名古屋間の路線を拡大し、昭和13年には大阪から名古屋までがつながることとなった。佐伯が入社して11年、ついに線路は名古屋まで達したのである。

昭和19年、近畿日本鉄道が発足。路線総延長およそ639・3キロという、日本最大の民営鉄道会社が生まれた。これにより、ようやく名阪私鉄戦国時代は終わりを告げ、大阪から名古屋までの路線が一社に統一されることになった。

2階建ての車両

昭和22年、佐伯は44歳の若さで専務に昇進する。大軌からの生え抜きとして、近鉄の経営実権を握った。

近鉄には、立ち向かわなくてはならない相手がいた。それは国鉄である。そのころ大阪・名古屋の区間は、東海道線の特急「つばめ」が、およそ3時間半で結んでいた。

それに対抗するには、近鉄には、とてつもなく大きな足枷があった。大阪から名古屋まで、同じ会社の路線でありながらも、同じレール幅ではなかったのだ。

大阪から伊勢中川までの大阪線は標準軌、そこから名古屋までは狭軌。大阪から名古屋まで向かう場合、伊勢中川で軌間が異なる列車への乗り換えが必要となり、直通運転ができなかったのである。どんなに速い新型車両を開発しても、直通運転ができないのであれば大阪から名古屋へ向かう乗客を東海道線から奪うことはできない。

大阪線と名古屋線の軌間を統一し、名阪ノンストップ特急を走らせる。いつしかこれは近鉄の、そして佐伯の悲願となっていた。佐伯はこんなことを言っている。

「会社は釣鐘のようでなければならない。どこを叩いても同じ音がするように、１つでなければいけないんです」

昭和26年、48歳になった佐伯はついに近鉄の社長に就任する。

そして昭和32年、佐伯が名古屋線広軌化の号令を下す(翌年の取締役会で決定)。佐伯は名古屋―大阪間を、ひいては近鉄という会社を、１つにしたかった。

工事は２年をかけ、昭和35年の「近鉄創立50周年」にあわせて完成する予定だった。

名古屋線には、木曽川・揖斐川《いび》・長良川の３つの川を渡る鉄橋を作るという難工事が待ち構えていた。まずは長さ８６４メートルの木曽川橋梁の工事を始めた。

ところが昭和33年、近鉄を脅かす大きなニュースが飛び込んできた。国鉄が新たな特急電車を開発し、東海道線に導入するというのだ。後のビジネス特急「こ

木曽川橋梁のクレーン工事

社長となった佐伯勇は難工事に着手した

だま」である。

「こだま」は、東京―大阪間を6時間半で結ぶという、当時としては画期的な特急であり、ビジネス客が日帰りで東京から大阪に往復できるというコンセプトであった。

そして「こだま」は、大阪―名古屋間を京都経由で、およそ2時間半で結ぶことを打ち出した。これに近鉄は大きな危機感を持ち、対抗できる新型特急電車の計画が急遽浮上したのであった。

「直通運転ができない以上、速さではとても対抗できない」

子会社である近畿車輛を交えて研究が進められたが、強力なビジネス特急こだまに対抗できる、アイディアは出なかった。

そんなとき、社長・佐伯の一言が事態を打開した。

「2階建てはどうだろう?」

伝説+α▶ 近鉄の2階建て車両がビスタカーと呼ばれる理由

ビスタカーのビスタとは英語の展望という意味で、初代ビスタカーの2階建て車両もビスタ・ドームと呼ばれており、2階からの眺望を重視していたことがわかる。鉄道車両には車両限界という寸法規定があるが、近鉄を含めた在来線のサイズはかなり小さく、2階建て車内の天井高さを充分に確保することが難しい。

そのため、眺望に優れた2階席の居住性と定員確保を優先させる傾向にある。一方1階席は眺望に劣る分座席の間隔を拡げたり、個室やサロンとするなどグループ客を意識するケースが多い。

初代ビスタカーでは2階をドーム席として差別化。2代目ビスタカーは2階を通常席とする代わりに、1階席をゆったりとしたボックスシートとした。現行の3代目ビスタカー(VISTA EX)は2階の天井を高くし、1階席をグループ専用席とした。

アメリカで見た展望車にヒントを得たこの案は、今までの近鉄にはないものだった。国鉄の利便性に対抗できないなら、旅の楽しさを演出するというのだ。

そして7月、大阪・上本町から宇治山田間に新型車両が登場した。近鉄10000系。通称、初代ビスタカーである。

その先進性は世間の注目を大きく集めた。7両編成のうち2階建ては2両。その車内設備も充実していた。回転式クロスシート、シートラジオも装備され、冷暖房完備だった。

さらに人々を驚かせたのは、電車の中に電話を設置したことであった。

ビジネス特急に対抗して、2階建ての眺望が良い列車を——狙いは的中し、大きな話題を呼んだ。そしてこのコンセプトは、後の多くの有料特急列車に影響を与えることとなる。

初代ビスタカー

社長・佐伯勇の一言から開発された

ただし、この列車は2階建て構造を実証するための試作機的な要素が強く、わずか7両編成1本のみの製造であった。

工事中だった木曽川や揖斐川、長良川の橋梁が完成し、軌間拡幅の準備も工事も順調に進んでいくかに思えた。だがこの直後、予想もしなかった悲劇が近鉄に襲いかかる。

伊勢湾台風の惨事

昭和34年9月26日。近畿から東海地方一帯を、前代未聞の大型台風が襲った。通称、伊勢湾台風である。風速最大70メートル、中心気圧894ヘクトパスカル。死者・行方不明者は5276名、被災世帯およそ35万、全壊した建物はおよそ4万。台風災害が珍しくない日本でも、歴史的な大惨事となった。

毎年のように台風を経験してきた近鉄も、過去にな

伝説＋α▶ 2階建て電車の苦労話

ビスタカーの登場以後、新幹線から私鉄まで全国各地に2階建て車両が登場した。この2階建て車両は車両の寸法上の制約のほか、機器搭載スペースの制約も受ける。1階席の床はレール面付近まで低くされており、機器を搭載できないからだ。

そのため、2階建て車両のほとんどはモーターの制御装置を持たない付随車となる。初代ビスタカーでは2階建て車両の中間に付随車を挟んだ3車体4台車の連接構造とし、中間の付随車に2階建て車両用の機器や冷房装置まで搭載するという奇策に出た。

現行のVISTA EXは1階中央部にサロンルームを設置し、その他の空間には機器類や空調装置を搭載するスペースとしている。この結果、隣接する他車に機器を搭載する必要がなくなり、結果的に動力性能が向上した。

伊勢湾台風で浸水した桑名駅

写真：近鉄グループホールディングス株式会社

低地にある桑名駅ではホームの高さまで水がきてしまった

い大被害を受けた。

１５０両の車両のうち25両が水没。84両が破損。ほぼ全線にわたって不通となったが、名古屋線はとくに酷く、桑名―蟹江《かにえ》間は完全に水没した。

被災地には黒部ダムの水の半分が流れ込んだと言われており、わずかに木曽川・揖斐川・長良川にかけられた橋だけが生き残った。

これでは改軌工事どころではない。復旧作業もどこからどう手をつけたら良いかわからなかった。だれもが途方に暮れる中、佐伯は大きな決断を下した。

「この際、同時にやろう！　同時にだ！」

それは名古屋線の全面復旧工事と、軌間拡幅工事を同時にやろうという案であった。

つまり、壊れてしまった路線をただ直すのではなく、すべて標準軌に敷き直していく。それによって路線を復活させるとともに、大阪―名古屋間の標準軌路線でのノンストップ運転を実現させ、速さでも国鉄に対抗しようというものであった。

しかし、名古屋線が壊滅的な打撃を受けている今、とにかく時間はなかった。あと1年かかる工事をしようとしていた路線を、たった10日間で標準軌に敷き直すという無謀なチャレンジは莫大な人員と予算を費やすが、成功すれば一気に国鉄から旅客を奪うことができる。

この決断は後に、鉄道史に残る伝説となる。

鉄道マンたちの執念

昭和34年11月19日、ついに大工事が始まった。日本中から集められた鉄道工事経験者延べ1万5千人。全社が一丸となっての総力戦であった。

「この工事が済めば、大阪―名古屋間は近鉄のものになる!」

佐伯も前線に立ち、声をからして発破をかけた。

塩浜駅構内の線路付替え

レールの拡幅や沿線装置の新設が次々と行われた

まず行われたのは枕木の交換だ。その数5万8千本、ポイントの交換作業や新しい信号機の設置も行われた。

軌間拡幅工事は、土木や電気、車両、建築などすべての分野を横断しての大工事であった。

レールだけではなく、並行して車両の改良も行われた。１０７両すべての狭軌用台車が、順次、標準軌用の新型台車に振り替えられていった。

白子駅構内の分岐器取替え

全国の鉄道工事経験者を集め、全社一丸となって工事にあたった

工事は全体を9区画に分け、1日1区画ずつ進んだ。大阪寄りの中川から始まり、名古屋方面へ向かった。午前中に集中してレールの拡幅や沿線装置を新設し、工事が終わった箇所では、その日の夕方には標準軌車両での試験運行が行われた。

災害を免れた木曽川橋梁を、大阪からの試験車両が走ったときには、作業員たちから感激の声が漏

10100系2代目「ビスタカー」

写真：近鉄グループホールディングス株式会社

昭和34年から運転を開始し、翌年にブルーリボン賞を受賞した

れたという。

そして昭和34年11月27日、鉄道マンたちの執念が実を結び工事は完了。米野駅で佐伯により金色の犬釘が打ち込まれ、すべてが終わった。

名古屋―中川間82・7キロ。もともとあと1年かかる予定だった工事を、わずか9日間でやり遂げてしまったのである。工事に携わった人員は、延べ30万人にもおよんだという。

「米野では形だけ打てば良かったはずの犬釘を、力いっぱい打ち込んでしまったよ。私も工事関係者も同じ思いだったからね」

佐伯は後にこう語った。佐伯の打った犬釘は、釣鐘のような大きな音を出したという。

昭和34年12月12日、大阪・上本町駅―近鉄名古屋駅間をノンストップ2時間35分で結ぶ、近鉄ビスタカーの運行が、現実のものとなった。

災いを転じて福と成す

近鉄ビスタカーは、大阪から京都経由で名古屋までおよそ2時間30分で結んでいたライバル、国鉄のビジネス特急「こだま」に、本格的に対抗できる車両であった。

名古屋―大阪を結ぶビスタカーは大成功を収め、やがて近鉄の象徴と言われるまでになった。その乗り心地にも性能にも、携わった者たちの熱い思いが込められていた。

ノンストップ運転により国鉄を圧倒した、近鉄ビスタカーは、昭和39年に国鉄東海道新幹線が開業するまで、同じ区間の利用者の7割までが近鉄を利用するという大勝利となったのである。

今もビスタカーの後継車両は、大阪と名古屋を結ぶ特急として活躍している。速さでは東海道新幹線「のぞみ」の大阪―名古屋間48分には劣るものの、ゆとりある座席空間、快適な新型シートで対抗している。新幹線登場からおよそ50年を経ても、いまだ人気だ。

この快適な旅の影に「災いを転じて福と成す」という大きな決断があった。近鉄名古屋線の改軌工事は、日本の鉄道史に長く語り継がれる奇跡の大工事であり、その裏には、名古屋から大阪への直通運転に執念を燃やした佐伯社長を始め、多くの鉄道マンたちの熱い思いがあったのだ。

近鉄「ビスタカー」の2階建て部分

写真：星晃

◎近鉄ビスタカー 年表

明治43年	大阪電気軌道（大軌）が誕生
昭和2年	佐伯勇が大軌に入社
昭和13年	大軌・参宮が大阪ー名古屋間まで路線拡大
昭和19年	近畿日本鉄道（近鉄）が発足
昭和26年	佐伯勇が代表取締役社長に就任
昭和33年	10000系「ビスタカー」運転開始
昭和34年	9月、伊勢湾台風 11月、復旧・広軌化工事 12月、10100系「ビスタカー」運転開始

パノラマカー誕生物語

通勤電車グレードアップで未来を開け

来たるべきモータリゼーションによって、自動車が強力なライバルとなることを早くから予想した名鉄は、自動車に対抗できる魅力的な電車としてパノラマカーをデビューさせた。最大の特徴は、だれもが気軽に前面展望を楽しむことができること。特別な料金が必要な車両ではないパノラマカーは、たちまち名鉄のイメージリーダーとなった。

写真：福原俊一

SPEC

形式：7000系／登場年：昭和36年／最高速度：110km/h／電気方式：直流1500V／主電動機（出力）：TDK825/1-A形・TDK825/3-A2（75kW）／駆動方式：中空軸平行カルダン駆動／歯車比：4.875／台車：空気バネ台車／ブレーキ方式：電磁直通空気ブレーキ（HSC-D型）／制御装置：パッケージ制御装置

Introduction

ずらりと並ぶ歴代「パノラマカー」。機能とデザインを
兼ね備え、「だれもが楽しめる電車」となった

前面展望席をだれもが楽しめた
パノラマカー

大好評を博した車両に不満を持つ社員

昭和36年6月1日の運行開始以来、1万7622日間、じつに半世紀近くもの歳月を経ていた。平成21年8月30日、名鉄のパノラマカーはラストランを終え、その歴史に終止符を打った。

パノラマカーは名鉄本線の新岐阜ー豊橋間を結ぶ特急電車として登場した。その後、名鉄のさまざまな路線で活躍する。高い人気を誇った理由は、車体のデザインにある。運転席を2階に設置し、1階すべてを客席に開放した日本初の前面展望車――このようなスタイルは、それまで欧米にもなかった。

この電車の行く先々では、先頭車両からの眺めを楽しもうと、ドアが開くなり我先に車内に駆け込む子どもたちの姿が見られた。今なおモダンな印象のフロントデザインに、スカーレット色のボディ、そして地元の人ならだれもが口ずさめるそのメロディー。パノラマカーは名鉄という枠を越え、日本の鉄道史上に残る存在だった。

そんなパノラマカーが企画された昭和34年、名鉄のある電車が大きな話題になった。全車両に冷房を搭載した5500系である。特別料金を必要としない通勤電車としては、日本初の試みであった。

しかし、大好評を博したこの5500系に不満を持つ名鉄社員がいた。その男こそ、パノラマカー開発の中心人物となる、白井昭である。鉄道が大好きだった白井は、10歳のとき、ある電車と出会う。

5500系

全車両に冷房が搭載された通勤電車は画期的だった

それが彼の人生を決めた。

昭和10年代、世界的に流行していた流線型電車の流れをくむ、３４００系。屋根から運転席にかけて卵型のカーブを描く優美なスタイルを持つ３４００系のように、いつか流線型の美しい電車を自らの手で作りたいという夢を抱いて、白井は鉄道マンの道を選んだ。そんな白井にとって、５５００系はデザインが平凡であり、あまりにも面白みがなかった。

白井とは別の理由で、新型車両の開発を考えていたのが当時の名鉄副社長・土川元夫だった。日ごろから目をかけていた白井に、土川は５５００系についての意見を求めた。

「ダメだと思います。エレガントさがない。夢も希望もありません」

じつはそれ以前から、白井は秘かに理想の電車について考えを巡らせていた。乗客が前を向いたまま、景色を楽しめる〝前面展望車〟だ。

白井は海外の特急列車を参考にしながら、理想を具体化すべく、何パターンも鉛筆を走らせたが、そのほとんどは、白井が少年のころに心を躍らせた〝流線型〟の車両だった。白井は自分が考える理想の電車について、土川に手紙を書いた。

土川から白井に指令が下った。

「これからはモータリゼーションの時代だ。自動車と競争しても勝てるような、今までにない展望車の計画の創造に全面的に努力せよ」

モータリゼーションの脅威——土川を、新型車両の開発に走らせた理由だ。当時、日本国内に自動車は200万台ほどしかなかったが、名鉄の営業圏内にはトヨタの本社があり、その年間生産台数は10万台に達していた。まだまだマイカーを持つ家庭は少なかったものの、この地方にモータリゼーションの波が押し寄せるのは、もはや時間の問題だった。また戦後の区画整理によりできた名古屋の広い道路は、クルマ社会に適していた。

来たるべきクルマ社会において、いかにして通勤客を確保していけばよいのか。当時の名鉄には、よりハイレベルなサービスを先取りする必要があった。

その当時、日本に存在した展望車は、戦前の「つばめ」のように、車両の最後尾に展望デッキを連結したスタイル。それは、移動中の景色を眺める目的ではなく、1等車の乗客が、ホームからの見送りに応えるためのものだった。当然二等車や三等車の乗客は入れず、走行中にデッキに出る客も、ほとんどなかった。

それまでの国鉄の車両は後ろが展望車だった。これは過去、過ぎ去った風景を見るもの。名鉄のパノラマカーは進んでいく前を、未来を見るものだと白井は語った。

白井の言葉に土川も賛同した。じつは土川にも、具体的なモデルとしてイメージする鉄道があった。それは先頭部分に丸い展望室を設け、運転台を高くしたイタリアのセッテベッロだ。しかしそこからの眺めは、高額な特別料金を払える限られた乗客だけに提供されるものだった。土川の考える展望車は、そうではなかった。

「特別料金を払ってVIPの人が乗ると、土川さんはそれはダメだと。特別料金なしの安い運賃で、子どもでもだれでも乗れる電車を創ろう」

すべての乗客が特別料金なしで乗れて、眼前に広がる景色を楽しめる展望車なら、「運ぶための電車ではなく、お客様に喜ばれる電車」になる。こうして「今までにない展望車」の開発がスタートした。

温度、安全性、運転席の問題

乗り越えるべき障害は少なくなかった。

当時は空調の黎明期で、名鉄の5500系も故障は珍しくなかった。窓が開かない国鉄の「こだま」

は、車内に氷柱を持ち込んで運転することもあったという。

展望室は、ガラス張りの温室のようなもの。もし空調が故障すれば、高温多湿の名古屋では、乗客が耐えられない。

また、展望室の屋根には運転席があるため、冷房機を上に設置できないという構造上の問題もあった。床下に機械類を取り付けるしかない。従来のままでは冷房機器を納める場所がなかった。

その問題を解決したのは、5500系でも採用していた東京芝浦電気（現在の東芝）製のパッケージ制御装置だった。それまではモーターの電気を制御するために4つの機械が必要であったのを、コンパクトにまとめ、今までの面積の半分で済むことになった。

床下の開いた空間に冷房の電源を設置し、展望室は最前列の前のダクトから冷気を噴き出す形とした。技

伝説＋α▶ パノラマカーが与えた影響

先端に前面展望席を設置して屋根上に運転台を配置するというパノラマカーのスタイルは話題を呼び、一度は前面展望席を諦めた小田急電鉄が昭和38年に登場させた3100形NSE車で前面展望席を採用した。以後、小田急では前面展望席がシンボルとなり、平成30年には最新型車両のGSE車をデビューさせ、VSE車とともに箱根観光向けを中心に活躍している。

国鉄は昭和61年に登場させたジョイフルトレイン「パノラマエクスプレスアルプス」にパノラマカー、ロマンスカーに準じた構造の前面展望席を設置した。このタイプの前面展望席はJR九州が昭和63年に導入した「オランダ村特急」（現・あそぼーい！）、JR北海道が平成元年に導入した「クリスタルエクスプレス トマム&サホロ」でも採用されている。

術革新という風が、パノラマカーの実現を後押ししたのである。

ところが、社内から反対の声が上がった。当時はクルマの踏切事故が多発しており、乗客を最前列に乗せて危険にさらすわけにはいかないと、運転部長が強硬に主張した。

それでも土川は「新車は作る」と断言する。そして白井は安全面を十分に配慮した車両の開発に取り組んだ。求められたのは、自動車と衝突しても絶対に潰れない安全な車両。しかし頑丈に作れば、車体が重くなって線路を傷めてしまう。

安全対策の切り札となったのは、〝オイルダンパー〟だ。これは伸縮する筒の中にオイルを満たし、衝撃を吸収するというもので、前面に2本取り付ければ、車体が守れるのではという考えだった。土砂を満載したダンプとぶつかっても車体が無事であることを目標に衝撃吸収力を計算した結果、オイルダンパーは、ダンプカーの荷台の高さに合わせて取り付けられることになった。

運行を開始したころ、パノラマカー先頭のエンブレムには、フェニックスの文字が刻まれていた。これには、「万一、ダンプカーと衝突しても、不死鳥のように無事であるように」という願いが込められていた。

パノラマカー登場から半年後、恐れていた事態が起こる。時速85キロで走行中に、踏み切りでダンプカーと衝突したのだ。車体は破損したものの、展望車の乗客に負傷者はいなかった。オイルダンパーの威力が見事に発揮されたのだ。

乗務員からは、2階運転席への不安の声が上がっていた。機関車にやぐらを組み、実際のパノラマカーと同じ高さから信号が見通せるかどうかを確認する試運転も行われ、安全性は実証済みだった。しかし、問題は運転席の狭さだった。組合からは「こんな狭いところで運転させるのは人権蹂躙だ」との声が上がったのに対し、白井は意外な解決策を提案した。

「屋根の上だからいくらでも延びるんですね、長さは。車体は20メートルあるから、ずっと延ばして前に2人、後ろに5人乗れるようにした」

後ろに延ばすことで広さを確保する。知恵を絞って考えたその方法で、乗務員たちの不満の声はおさまった。白井がどんなことをしても完成させたい理想の鉄道の実現に、また一歩近づいた。

公開後にデザインの大幅変更

昭和35年春、新車両のデザインが固まり、クレイモデルや実物大の展望室のモックが作られた。その形状は、衝撃吸収用のオイルダンパー部分を覆うボンネットが大きく出っ張ったものであった。技術的な問題を1つずつクリアしつつあったその年の夏には、報道機関に展望車両のデザイン画が大々的に発表された。

ところが、プロジェクトリーダーの白井は、オイルダンパーを覆うボンネットが常に乗客の視界に入ることが、どうしても気に入らず、作り直しを土川に直訴した。

「いかにも格好悪いんですよ。三段腹になっちゃってね。これはもう誠に、格好悪いですよと。これは私はダメだと思うと言ったんですよ」

直訴は功を奏し、土川からデザイン変更の決断が下された。

報道陣に公開した後にもかかわらずやり直しになるという異例中の異例な事態に、日本車輌は社内デザイナーでは対応しきれず、外部の人間に助けを求めることにした。国鉄の鉄道車両のデザインも行っていた萩原政男である。

かつて萩原は、小田急で展望車のデザインの相談を受けたが、計画はお蔵入りしていた。名鉄からの依頼は、彼にとっても千載一遇のチャンスだったのだ。

展望室より前に突き出たボンネットをなくしたいという土川や白井の意向に、萩原は逆転の発想でこたえた。突き出したボンネットを短くするのではなく、そ

運転台の高さの見通し試験

公開後のデザイン変更に伴って実施された

の上の展望室を前に張り出す「キャブオール形」を提案したのだ。

展望室を前に

展望室が前に出ると言っても、出るのは前面ガラスだけ。客席の位置は変わらず、オイルダンパーの後ろのままなので、安全は確保される。

展望室を前に出し空間を広げたのには、もう1つの理由があった。パノラマカーの展望室は、真上に運転席があるため、天井がどうしても普通の電車よりは低くなってしまう。展望室が広く開放的になれば、乗客の意識は窓の外に向かい、天井の高さが気にならなくなるのだ。

さらに萩原は、当時流行していた車両側面まで緩やかなカーブを描くウインドウをやめて、平面ガラスを組み合わせることを提案。同時に、2枚のガラスの間

伝説＋α▶ もうひとつの夢を実現させたパノラマDX

昭和59年に登場した8800系パノラマDXは、前面展望席をハイデッキ構造として、前面はもちろん周囲の眺望性を向上させた。このスタイルは、現行のパノラマスーパーにも受け継がれている。

ハイデッキ構造の基礎はパノラマカー開発時に構想されたパノラマドームカーに通じる。パノラマドームカーは、中間車での眺望を得るために構想された2階席だ。当時は時期尚早として実現しなかったが、パノラマDXでは自動車より上の居住性を提供するために導入。その他の座席も個室などを中心に配置していた。

パノラマDXで採用されたハイデッキの前面展望席も国鉄やJR、私鉄に大きな影響を与え、類似形態のものも含めて、特急列車や観光列車を中心に幅広く採用された。前面展望席、ハイデッキ構造は2階建て車両とともに鉄道の魅力を高める存在だった。

「パノラマカー」の展望車

写真：服部重敬

見晴らしのよさから人気となった

に空気が入る複層ガラスを使用することを勧めた。

断熱と曇り止めに役立つ複層ガラス——展望室の温度上昇を防ぐとともに、最前列からの眺めがガラスの曇りによって邪魔されることがないという、まさにパノラマカーには、もってこいだった。

後ろに座る乗客にも展望を楽しんでもらうため、運転席に上がるステップは外に付けられた。

車内には非常用のハッチがあったが、普段は閉じられていた。見晴らしのよい開放感あふれる車内が、ついに実現した。

今までにない展望車を創造せよ。その言葉から2年、パノラマカーと名づけられた前面展望車が完成した。平面ガラスを使用したシャープな印象のフロント上部、下半分の丸みを帯びたヨーロピアン調のデザイン。今までの、どの車両にも似ていない電車が誕生した。白井の長年の夢が、ついに形となったのである。

景色が楽しめる通勤電車

昭和36年6月1日、パノラマカーが運行を開始した。子どもたちは、我先に先頭車両に駆け込んだ。見通しのよい車内では、後部座席からも目前を流れる景色を見ることができた。

まさに白井や土川が思い描いていた、ただ運ぶためでなく、乗った者に喜びを与える、理想の電車だった。乗務員たちの心境にも、変化が起こった。2階に設けられた運転席は、それまでよりも見晴らしがよくなり安心して運転できるという声があがり、さらには乗客からの人気が高まるにつれ、パノラマカーを運転することに誇りさえ感じ始めたのだ。

昭和37年にはブルーリボン賞を受賞し、全国の鉄道ファンからも、注目を集めた。

その後、パノラマカーは100両まで増え、名鉄の

ブルーリボン賞を受賞した「パノラマカー」

昭和37年、第5回で受賞した

定期運行最終日の「パノラマカー」

平成20年12月のダイヤ改正により定期運行を終了した

ほとんどの路線を走ることとなった。景色が楽しめる通勤電車は、パノラマカーだけ。半世紀近くにわたって、名鉄の代名詞として人々に親しまれ、その人気はラストランを迎えるまで衰えなかった。

モータリゼーションの時代に対抗して、鉄道の楽しさを伝えたパノラマカー。特別料金を払わなくても、迫り来る景色を満喫できる展望車は、子どもたちにとってはあこがれの的であり、ビジネスマンには、少し優雅な気持ちで1日の始まりを迎えることができる、特別車だった。

そのパノラマカーも平成21年、役目を終えたが、前面展望車は後継車両に引き継がれた。現在は2階に展望室、1階に運転席を設けたパノラマスーパーが特急電車として活躍した。この電車も、ただ運ぶためではなく、喜んでもらえる電車という精神を見事に受け継いでいる。

名鉄「パノラマカー」の開発者・白井昭（右）

所蔵：白井昭

◎名鉄パノラマカー 年表

昭和34年	5500系が運転開始、「パノラマカー」の開発開始
昭和35年	「パノラマカー」のデザイン公開
昭和36年	「パノラマカー」の運転開始
昭和37年	第5回ブルーリボン賞を受賞
平成20年	「パノラマカー」の定期運転が終了。
平成21年	「パノラマカー」の運転終了

Episode 13

鉄道伝説

阪急梅田駅

私鉄最大の
ターミナル駅を造れ

私鉄のターミナル駅としてよく見られる光景が、直営の百貨店と一体化駅ビルに設置された行き止まり式の頭端式ホームに並ぶ電車たち。このスタイルを最初に確立させたのが阪急電鉄だ。阪急梅田駅は阪急の主要3路線の起点となっており、関西の私鉄ターミナルでは最も乗降人数が多い。これほどまでに成長するためには、いくつもの問題を乗り越えてきた。

写真：阪急電鉄

DATA

阪急梅田駅／開業年：明治43年3月10日／運行路線：京都本線・宝塚本線・神戸本線／ホーム：10面9線／1日平均乗降人員：510,653人（2017年）

Introduction

頭端式の阪急梅田駅のホーム。
鉄道史に残る大工事が行われた

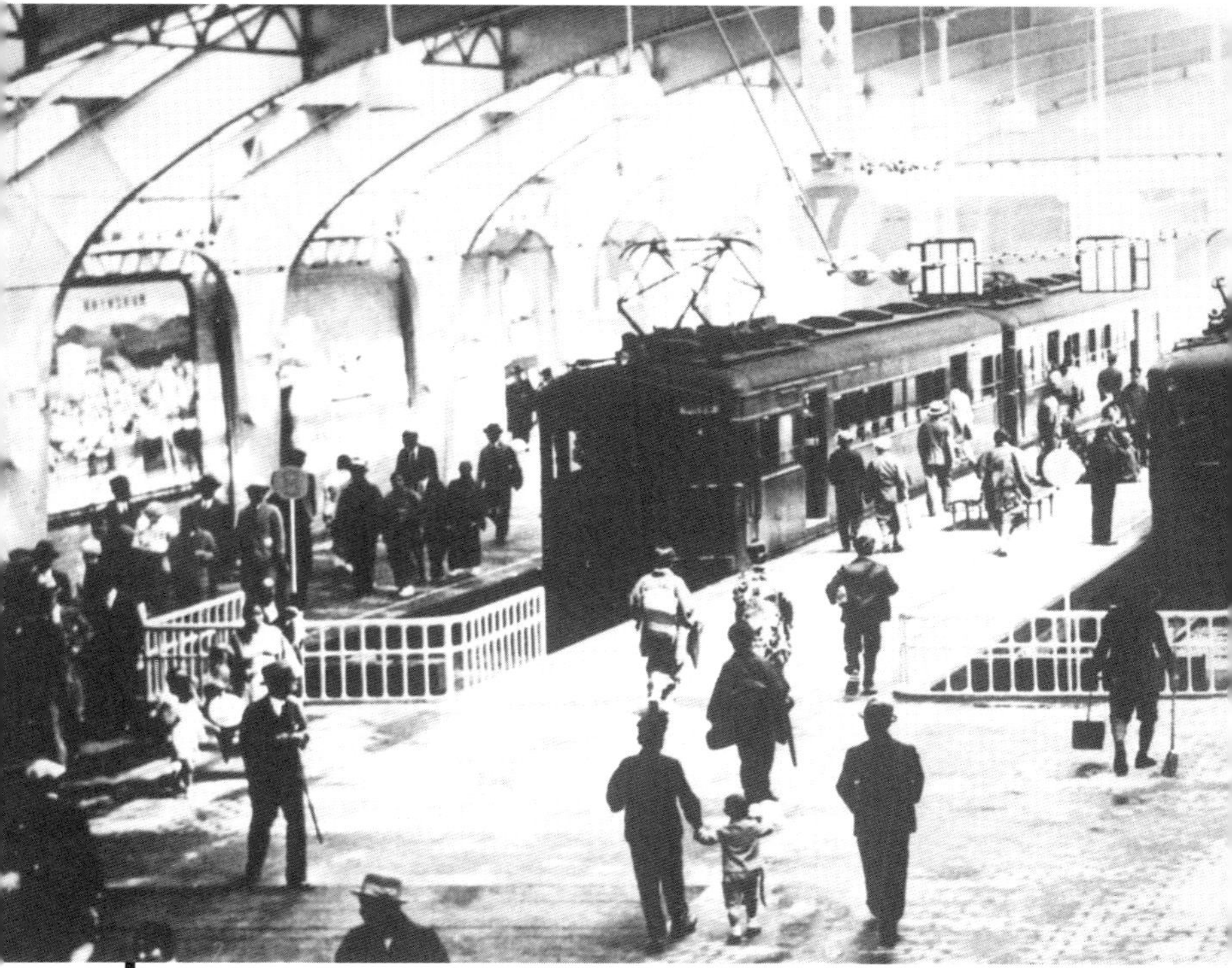

私鉄ターミナル駅の元祖にして最大の阪急梅田駅

大阪の玄関口・梅田

関西は日本では珍しく、国鉄よりも私鉄が発展してきた地域である。中でも阪急の梅田駅は、1日52万人が利用する日本最大級の私鉄ターミナル駅だ。

阪急電鉄は、神戸・三宮を終点とする神戸線、京都河原町行きの京都線、そして宝塚線の、主要3路線と、いくつかの支線とでなる関西屈指の私鉄だ。その主要3路線すべての電車が集結するのが、梅田駅なのである。9線10面を誇る線路数・ホーム数は、頭端式《とうたん》ホームの駅としては日本最多。私鉄として、初めて巨大ターミナル駅を造ったのが阪急電鉄であった。

また、今では全国各地で見られる駅と鉄道会社の百貨店が一体となった形も梅田駅が元祖でもある。

現在、梅田駅界隈が大阪の中心として活況を呈している背景には、1人の創業者の存在があった。小林一三《こばやしいちぞう》——「鉄道を中心に街を造る」という信念のもと行われた鉄道史に残る数々のプロジェクト。彼の経営手法は、阪急電鉄の発展のみならず、後に他の私鉄会社の経営方針、都市開発、ブランド構築などに多大なる影響を与え、手本となった。

梅田駅ができたのは明治43年。当初は阪急電鉄の前身である「箕面有馬電気軌道《みのおありまでんききどう》」の始発駅だった。ちなみに開業から電車の色はマルーンカラーを採用。100年以上経った今でも変わっていない、阪急の上品なイメージの象徴となっている。

開業当時の梅田駅

現在からは、想像もできない小さな駅舎だった

開業当時の梅田駅は、現在の梅田阪急ビルの場所にあった。国鉄の駅の南側に位置し、高架で国鉄をまたいでいた。木造2階建ての小さな駅舎に単線ホームは、到着した電車が折り返し発車しないと次の電車が入って来られないというこぢんまりとしたものだった。

当時の営業距離は、梅田と宝塚および箕面を結ぶ、わずか28・9キロ。沿線は、どこまでも田園の風景が続いていた。人が多い街と街を結ぶというのが、当時の鉄道会社の一般的な考え方である。

しかし国鉄や阪神などに遅れをとって開業することになった箕面有馬電気軌道は途中にも終点にも都市らしい都市はなく、当初は「トンボかイナゴ、空気ぐらいしか乗らないだろう」と陰口を叩かれる始末だった。

しかし小林は、周囲の声にこう答えた。

「乗客は電車が創造する」

銀行員出身の小林は、鉄道マンとはまったく違う視点で鉄道事業を推し進めた。それは「鉄道を中心に街を造る」ことだった。

小林が最も力を入れたのが不動産事業である。田園風景が続く沿線の土地を安く買収し、宅地として分譲を開始。鉄道沿線ならではの利便性を強く訴えた小林の作戦はズバリ的中した。沿線はモダンな住宅地として一躍人気を集めることとなった。

さらに小林は、観光事業にも乗り出した。創業と同じ年の11月、箕面に当時珍しかった動物園を開園した。家族や子ども向けのイベントを開催することによって集客に成功した。

次に小林は、宝塚に大理石造りの浴場や家族温泉を備えた宝塚新温泉を開業した。年間45万人、1日平均1200人という、当時としては驚異的な入場者を集めた。翌年には洋館を増築、日本初の室内プールをメインに娯楽施設を充実させ宝塚新温泉パラダイスと名

宝塚ホテル

開業後、間もなく大人気となった

大正9年ごろの阪急梅田駅

神戸線が開通し、利用客が増え始めた

づけた。まさに鉄道を中心として街を造り、人を集めることに成功したのである。

さらに、宝塚新温泉の目玉として、現在の宝塚歌劇団の前身である唱歌隊を設立。小林の破天荒でユニークな鉄道経営は、常に人々を驚かせた。

街と街を結ぶのではなく、鉄道の周囲を開発して街を造り、乗客を増やすというのが小林の発想だった。不動産事業や観光事業で人を呼び、鉄道事業を軌道に乗せる。この考え方は後の私鉄経営の教科書にもなった。

自社の電車を「ガラアキ」と宣伝

小林の目論見通り、利用客が増加し続けた大正7年、社名を「阪神急行電鉄」に変更。これ以来「阪急」と呼ばれるようになった。

大正9年、神戸線が開通したとき、小林は非凡なキャッチコピーの広告を打った。後発のため乗客の少なかった自分の会社の電車を〝ガラアキ〟と表現したのだ。小林の遊び心は世間の評判を呼び注目を集めた。

大正15年、日本初の量産型全鋼車《ぜんこうしゃ》600形車両が導入された。

まだ木造車両が一般的であった時代に、最先端をいく車両であった。600形の登場により梅田―神戸間の運転時間は40分から35分に短縮された。

同じ年、梅田―十三間が高架複々線化される際に梅田駅の高架化も行われた。路線の拡張、それに伴う沿線の住宅開発も順調に進み、鉄道の乗客は右肩上がりに増えていった。

しかし、小林は満足していなかった。

「鉄道が上げる利益には限界がある」

鉄道は公共性が高いがゆえ、それほど利潤を期待できないと見抜いていた小林は梅田駅のビルに目を付けた。それまで1階に入っていたマーケットが撤退した

伝説＋α▶　各本線の列車が同時発車する光景が名物

阪急梅田駅は京都本線、宝塚本線、神戸本線の起点となっており、梅田－十三間はそれぞれの複線が併走する3複線区間となっている。大正15年に宝塚本線と神戸本線を独立させた複々線とし、昭和34年に京都本線用の複線を宝塚本線の線増扱いで敷設した、3複線が完成した。

梅田駅の配線は京都本線の1～3号線、宝塚本線の4～6号線、神戸本線の7～9号線となっている。いずれも線路を乗降ホームと降車ホームが挟んだ構造で、列車到着時は両方のドアを開き短時間で乗降が可能となっている。

3路線の列車が同時に梅田駅を出発するのも有名な光景で、優等列車は途中の中津駅を通過して十三駅まで併走する様子を車内からも楽しむことができる。

後に直営の小売店を出そうというのだ。

それこそが当時類を見ない鉄道会社直営百貨店である。鉄道会社が百貨店を経営する……。当時の常識では考えられない小林の発想に当然社内から反対の声が上がった。

「鉄道会社が百貨店を経営できるわけがない」

「素人が商売に手を出しても、上手くいくはずがない」

反対の声に小林は毅然として答えた。

「素人だからこそわかることもある」

「便利な場所なら暖簾なしで客は集まる」

そして昭和4年、梅田駅に阪急百貨店がオープン。地上8階地下2階の、巨大ターミナル百貨店が完成した。

翌年には、900形が登場。梅田―神戸間をわずか25分で結び、戦前の代名詞「快速阪急」を強く世間に印象づけた。車内は転換式のクロスシートを採用した。速さと快適さを増した900形の登場で、乗客は今ま

昭和4年ごろの梅田阪急ビル

巨大ターミナル百貨店として注目された

で以上に気軽に梅田まで来られるようになった。鉄道と百貨店の相乗効果により、休日には6万人もの客が詰めかけ、入場制限を行うほどであったという。

その後も昭和11年まで百貨店の増築は続き、東洋一と言われるほどの規模となった。駅と百貨店を直結させた小林の戦略は見事に成功を収めたのである。直営百貨店の成功は、鉄道を支えるビジネスモデルとして後の私鉄会社にも大きな影響を与えた。

百貨店と駅を結ぶ、コンコースに作られたアーチ型の天井、金色に輝くモザイクの装飾や豪華なシャンデリア、龍や鳳凰を描いた壁画に阪急電車を利用する人々は目を奪われた。それはまさに時代の最先端を行くターミナル、阪急梅田駅のシンボルであった。

突きつけられた難題

阪急梅田駅がすでに日本最大級のターミナルに成長

伝説＋α▶ 阪急京都本線と神宝線で車両が違う理由

阪急梅田駅を出入りする電車はさまざまな種類があるが、よく見るとひとつの法則がある。たとえば神戸本線・宝塚線、両線を総称した神宝線を発着する1000系に対して、京都本線を発着する同型車は1300系と形式が異なるなど、形状が分かれているのだ。

じつは京都本線と神宝線は開業時の成り立ちや適用した法律が異なっており、京都本線は鉄道法、神宝線は軌道法に基づいていた。そのためかつては電気方式も異なっていた。神戸本線と宝塚線も最初は規格が異なっていたが、現在は統一されている。

現在も複線の間隔や車両限界のサイズが異なるため、京都本線用の車両は神宝専用車両よりも幅が広く、神宝線に乗り入れることはできない。ただしその逆は可能で、過去には神宝線から京都本線への直通列車が運行されたことがあり、現在も工場へ出入りしている。

夜を徹して行われた工事①

鉄道省（国鉄）と阪急から計1800人が動員された

していた昭和6年、鉄道省から一通の文書が届いた。後発で開業した阪急の線路は、国鉄の線路の上をまたいで通っていた。通達の内容は国鉄・東海道線の高架化に伴い、阪急の線路を高架下に切り換えろというものだった。

しかも工事費用は全額阪急が負担するという高圧的な内容。納得のできない阪急は、考慮を申し出るものの解決できず日数だけが経過していった。

長期化する交渉。事情を知らない住民たちの中には、東海道線の高架化ができないのは阪急がわがままを言っているせいだ、と言う者まで出てきた。

しかし、阪急は粘り強く何度も条件交渉を続けた。そして通達から2年、ようやく阪急の粘りが実を結んだ。鉄道省が費用の一部負担をすることを了承し、解決となった。

そして昭和9年6月1日。鉄道史に残る一夜の大工事が行われた。工事は、地上の国鉄を高架にして、高架の阪急を地上に切り替えるというものだった。

利用者のことを考えると、阪急、国鉄ともに翌日の電車を止めるわけにはいかなかった。そのため工事はたった一晩で行わなければならない。

夜になり少しずつ作業が始められ、23時30分の宝塚行き最終電車の発車後に本格的な解体が行われた。与えられた時間は、始発までのわずか5時間。小林自ら現場に駆けつけ、陣頭指揮をとった。

阪急、国鉄とも駅構内に入る直前の複雑な配線がされた地点での作業。しかも極めて短時間ですべての工事を終えなければならないため、多くの作業員が動員された。当時の新聞はその様子をこう伝えた。

「鉄道省側の人員1200人、阪急側600人、10万燭光の電飾と10数本の特設電話とが用意された最難所阪急クロス点。満艦飾《まんかんしょく》を施した軍艦の甲板もこれほど

夜を徹して行われた工事②

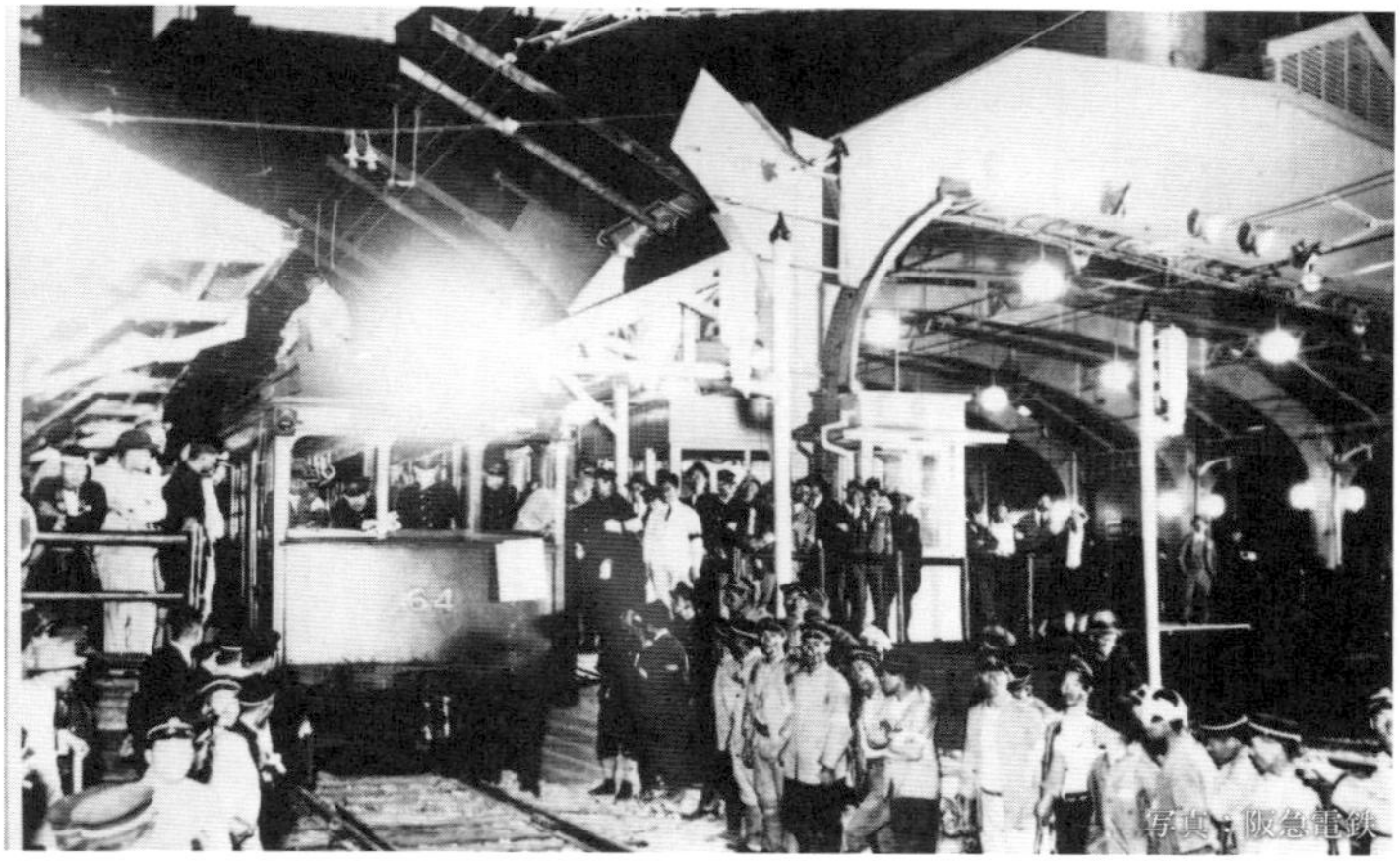

現場は無数の照明により明るく照らされた

明るくない」

たった一晩で行われた前代未聞の高架切り替え工事が終了したのは午前4時20分。高架下を阪急の試運転の電車が走りだしたのは空が白み始めるころだった。

小林はこの工事を利用し、宝塚線・神戸線をそれぞれ3線とした。乗降ホームも7ホームとする大改造を行い、ターミナル化をさらに進めたのだ。歴史的な工事を見届け、小林は始発電車に意気揚々と乗り込んでいった。

この工事の結果、阪神や地下鉄との乗り換えも楽になり、乗客から好評得るというおまけまでついてきた。

小林が夢見たターミナル

昭和32年1月、小林一三は逝去する。それでも小林が理想とした、梅田駅を日本一のターミナル駅にするという遺志は受け継がれていった。

昭和30年代になると、沿線開発が急テンポで進み、それに伴い利用客も飛躍的に増えていった。都市部への人口集中に対応すべく、梅田駅はさらなる改良が行われた。

昭和34年には、宝塚線・神戸線・京都線の3路線が複線化し、梅田駅は8線9面にまで拡大した。このころの梅田駅の乗降客数は、1日平均40万4000人で全国の私鉄トップだった。

さらに増え続ける乗客に対応すべく、ホームを延伸しようとしたが、そこに大きな問題が立ちはだかった。国鉄の高架をくぐるガードの長さが限界で、これ以上ホームを伸ばすことができなかったのだ。

そこで阪急は重大な決断を下す。それは開業以来、国鉄の南側にあった梅田駅を北側に移すというものであった。

高架の手前に移設することで、駅周辺を含めて複合的な商業地区に変える梅田地区の、一大再開発事業。これこそ、まさに小林一三が夢見たターミナル駅を実現する絶好の機会であった。

総工費365億円の大プロジェクト

「H計画」と名付けられた梅田駅の移設は大規模な工事であるにもかかわらず、マスコミはおろか、社内でも一部の人間にしか知らされていなかった。地価の高

「H計画」昭和41年の第1期工事

通常の営業運転をしながらの大工事だった

第4期工事の竣工式

昭和48年、阪急梅田駅の伝説がついに完結した

い梅田駅周辺の用地買収を円滑に進めるため、とくに慎重を期した。

阪急の出発点である梅田駅は、こうしたさまざまな問題を克服することで成長していったのである。

工事は昭和41年から4期に分けて行われる大規模なものとなった。9線10面ホームを擁する梅田駅に、ホームの上部には600台の駐車場。広大な新駅の下には地下街を設け、同時に高層ビルを建設するというじつに壮大な計画であった。通常の営業運転をしながらの移設だったため、工事は夜間も行われた。

駅を移設するにあたって問題となったのが、乗り換えを利用する乗客の移動の負担であった。国鉄から阪急に乗り換える乗客はそれまでよりも250メートルも余分に歩かなければならなくなったのだ。

乗客の負担を減らし、不満の声が出ないように、この最大の難問を、阪急は画期的な方法で解決した。

昭和42年、まず神戸線の移設が完了。新しい梅田駅の第一歩を記した。

このとき、国鉄との乗り換え通路に登場したのがムービング・ウォークである。「動く歩道」として大阪万博で話題になるのはこの3年後。時代を先取りした「動く歩道」は梅田駅の名物となった。もちろん乗客からの不満の声はなく、ただムービング・ウォークを楽しもうという人たちまでも梅田駅にやって来たという。

その後、宝塚線、京都線2線の移設も順調に進み、昭和47年には、地上17階、地下4階の阪急ターミナルビルが完成。そして昭和48年、京都線を1線増設し、9線10ホーム、10両連結にも対応したホームを備えた私鉄最大のターミナル駅がここに完成した。

昭和36年の構想からじつに12年、総工費365億円という一大プロジェクトであった。

誕生したのは駅だけではなかった。新駅工事と並行

梅田駅に入線する阪急電車

写真：阪急電鉄

ここに至るまでに何度も大工事が行われた

昭和48年ごろの梅田駅

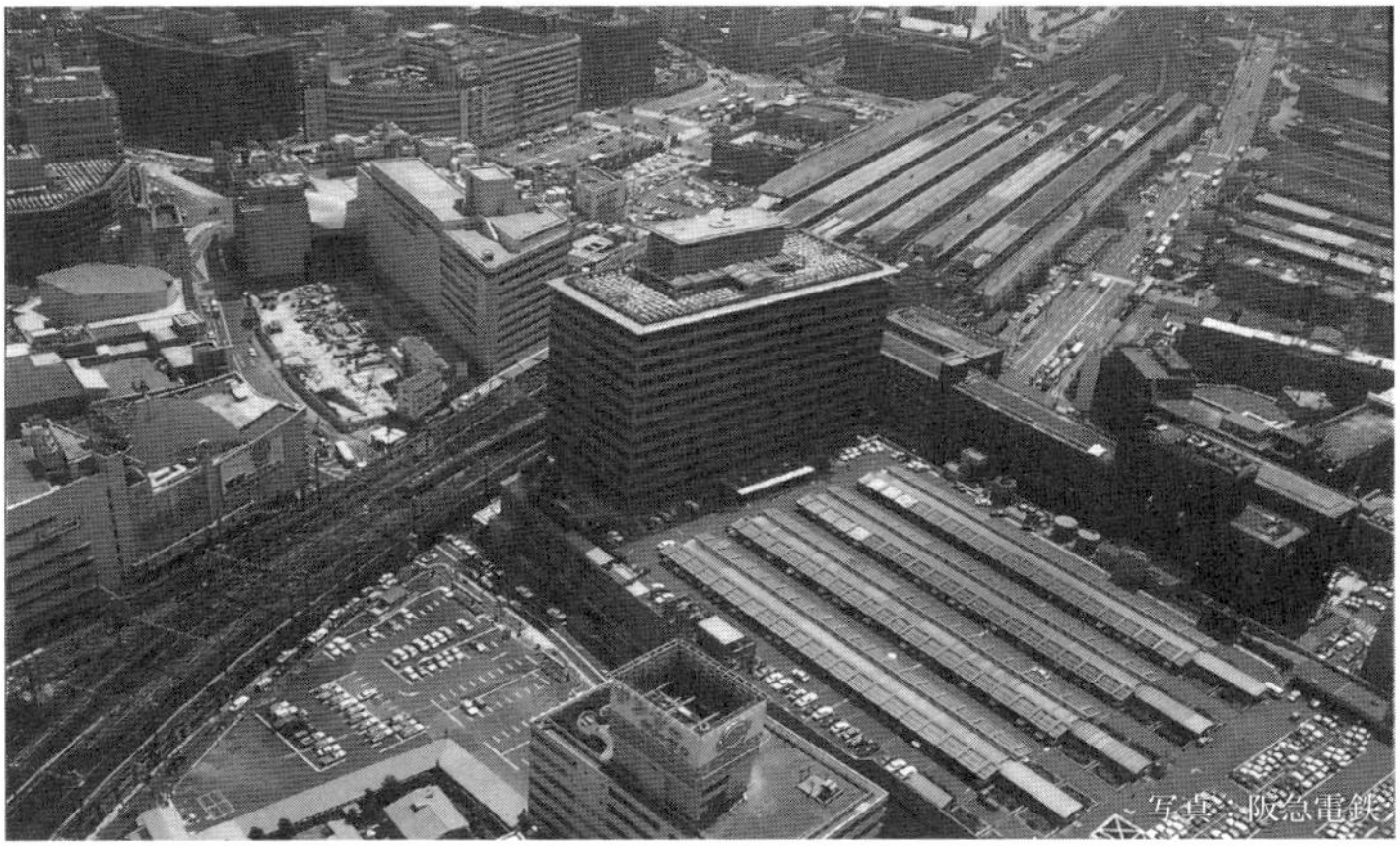

現在とは異なり、阪急線は高架となっている

して作られていた巨大な地下街「阪急三番街」。地下に川を作った画期的な地下街「川のあるまち」は大きな話題を呼んだ。

さらに、全長２１０メートルの高架下を利用した飲食店が並ぶ「阪急かっぱ横丁」や古書街、阪急ターミナルビル内の「十七番街」が昭和50年までに次々とオープン。阪急のターミナル移設は、梅田の町全体に大きな影響をおよぼし、人の流れをガラリと変えた。

創業者・小林一三が夢に描いた梅田駅ターミナル構想。明治43年の開業から、大きくその姿を変えてきた阪急梅田駅の変遷は、そのまま梅田の町の移り変わりの歴史でもあった。鉄道を中心に街を造り、そこに集った人々が、楽しい時間を過ごす。

「乗客は電車が作る」

そう語った小林の思いを実現したのが阪急梅田駅なのである。

阪急梅田駅の古地図

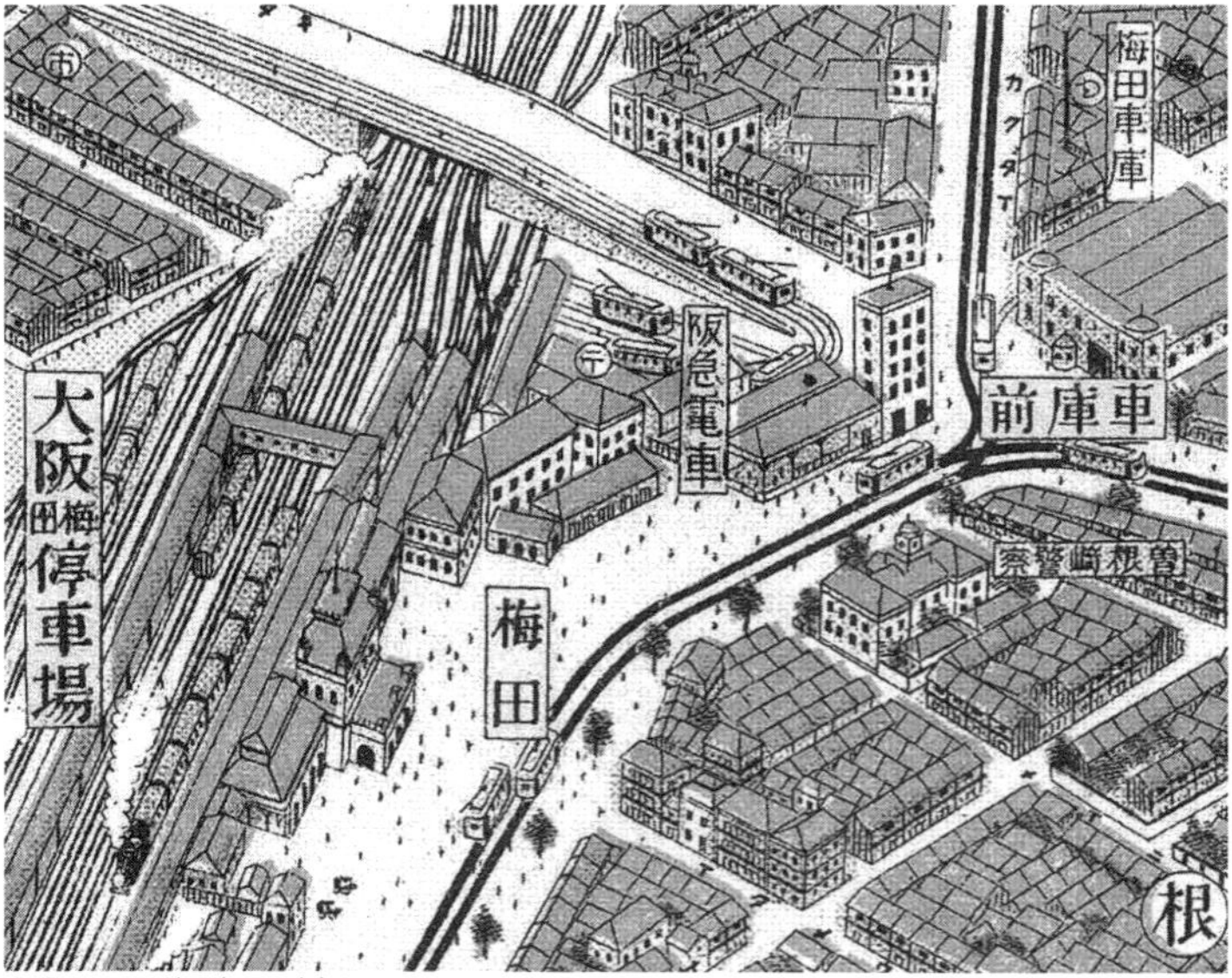

大阪パノラマ地図（1924年）より

◎阪急梅田駅 **年表**

明治43年	箕面有馬電気軌道の始発駅として誕生
昭和4年	阪急百貨店がオープン
昭和6年	鉄道省から阪急へ、工事に関する通達が届く
昭和9年	高架切り替え工事
昭和36年	「H計画」構想
昭和41年	工事開始
昭和47年	阪急ターミナルビル完成
昭和48年	工事竣工

<参考文献>
『ビジネス特急〈こだま〉を走らせた男たち』福原俊一（JTBパブリッシング）
『星さんの鉄道昔ばなし　国鉄旅客車Q&A』星晃・米山淳一（JTBパブリッシング）
『新幹線をつくった男　島秀雄物語』高橋団吉（小学館）
『鉄道博物館　第3回特別企画展（企画展図録No.3）電車特急50年～ビジネス特急「こだま」からJR特急まで～』（鉄道博物館）
『D51から新幹線まで　技術者のみた国鉄』島秀雄（日本経済新聞出版社）
『日本鉄道物語』橋本克彦（講談社）
『新幹線をつくった男　島秀雄物語』高橋団吉（小学館）
『星さんの鉄道昔ばなし』星晃・米山淳一（JTBパブリッシング）
『鉄道ピクトリアル　2000年2月号』（電気車研究会）
『581・583系物語』福原俊一（JTBパブリッシング）
『国鉄急行電車物語』福原俊一（JTBパブリッシング）
『JREA 1963年11月号』（日本鉄道技術協会）
『RAILFAN No.710』（鉄道友の会）
『RM LIBRARY 150』（ネコ・パブリッシング）
『鉄道ジャーナル　No.75 No.87』（鉄道ジャーナル）
『鉄道ピクトリアル　1985年3月号』（電気車研究会）
『鉄道ピクトリアル　2005年7月号』（電気車研究会）
『歴史群像シリーズ「図説」夜行列車・ブルートレイン全史』（学習研究社）
『ビジネス特急〈こだま〉を走らせた男たち』福原俊一（JTBパブリッシング）
『DD51物語』石井幸孝（JTBパブリッシング）
『ビジネス特急〈こだま〉を走らせた男たち』福原俊一（JTBパブリッシング）
『ドラフトは山野に冴して』久保田博
『日本鉄道国有鉄道百年写真史』（日本国有鉄道）
『鉄道ピクトリアル　2003年12月臨時増刊号』（電気車研究会）
『JREA 2009年1月号』（日本鉄道技術協会）
『面白いほどよくわかる新幹線のしくみ』小賀野実（日本文芸社）
『くわしくわかる新幹線のしくみ』（ナツメ社）
『ココがスゴい新幹線の技術』梅原淳（誠文堂新光社）
『最速への挑戦　新幹線「N700系」開発』（東方出版）
『山陽新幹線』南谷昌二郎（JTBパブリッシング）
『新幹線と世界のライバル』（JTBパブリッシング）
『「図説」新幹線全史』（学習研究社）
『The 500系新幹線 史上最強の超特急のすべて』（講談社）
『国鉄列車ダイヤ千一夜』猪口信（交通新聞社）
『鉄道ピクトリアル　2005年6月号』（電気車研究会）
『運転協会誌　2005年9月号』（日本鉄道運転手協会）
『ゼロ戦から夢の超特急　小田急SE車世界新記録誕生秘話』青田孝（交通新聞社）
『週刊　歴史でめぐる鉄道全路線　大手私鉄01号　小田急電鉄』（朝日新聞出版）
『小田急ロマンスカー総覧』生方良雄（大正出版）
『運をつかむ―事業と人生』佐伯勇（実業之日本社）
記録映画『伸びゆく近鉄』（近畿日本鉄道）
『新幹線0系と名鉄パノラマカーの開発　講演報告資料集』（中部産業遺産研究会）
『鉄道技術者　白井昭―パノラマカーから大井鐵道SL保存へ』高瀬文人（平凡社）
『人間の記録25・小林一三－逸翁自叙伝』小林一三（日本図書センター）
『阪急ワールド全集〈4〉阪急ステーション―写真で見る阪急全駅の今と昔』（阪急電鉄・コミュニケーション事業部）
『阪急電車青春物語』橋本雅雄（草思社）
『100年のあゆみ〈通史〉』（阪急阪神ホールディングス）
『100年のあゆみ〈部門史〉』（阪急阪神ホールディングス）
『75年のあゆみ〈記述編〉』（阪急電鉄）

■ 著者紹介
「ＢＳフジ＜鉄道伝説＞制作班」

株式会社ビーエスフジは民放系ＢＳデジタル放送局で、２００１年１２月に放送を開始したフジテレビ系列の衛星基幹放送事業者。「鉄道伝説」は２０１３年1月から２０15年３月の間放送され、ＢＳフジとファブコミュニケーションズにより共同制作された。

■ STAFF
協力／ファブコミュニケーションズ
装丁／仲亀徹（ビー・ツー・ベアーズ）
監修／福原俊一
編集・構成／造事務所
　本文デザイン／井上亮
　コラム執筆／松沼猛

企画・進行　廣瀬和二　湯浅勝也　高橋栄造
　　　　　　説田綾乃　永沢真琴
販売部担当　杉野友昭　西牧孝　木村俊介
販　売　部　辻野純一　薗田幸浩　亀井紀久正
　　　　　　平田俊也　鈴木将仁
営　業　部　平島実　荒牧義人
広報宣伝室　遠藤あけ美　高野実加
メディア・プロモーション　保坂陽介
FAX：03-5360-8052
Mail:info@TG-NET.co.jp

完全保存版　鉄道伝説
～昭和・平成を駆け抜けた鉄道たち～

2019年2月5日　初版第1刷発行

著　者　ＢＳフジ「鉄道伝説」制作班

発行者　廣瀬和二
発行所　辰巳出版株式会社
〒160-0022
東京都新宿区新宿2丁目15番14号　辰巳ビル
TEL　03-5360-8960（編集部）
TEL　03-5360-8064（販売部）
FAX　03-5360-8951（販売部）
URL　http://www.TG-NET.co.jp
印刷・製本　大日本印刷株式会社

Printed in Japan　ISBN　978-4-7778-2247-8　C0065